Birkenbihl ABC-Kreativ©

Vera F.
Birkenbihl

ABC-Kreativ©

Techniken zur kreativen Problemlösung

ARISTON

Die Deutsche Bibliothek – CIP Einheitsaufnahme
Birkenbihl, Vera F.:
ABC-Kreativ©: Techniken zur kreativen Problemlösung /
Vera F. Birkenbihl. – Kreuzlingen / München :
Hugendubel, 2002/2007
(Ariston)

4. erweiterte Auflage

Umschlaggestaltung: WEISS / ZEMBSCH / PARTNER
WERKSTATT / MÜNCHEN
Produktion: Inga Tomalla
Satz: EDV-Fotosatz Huber/Verlagsservice G. Pfeifer, Germering
Druck und Bindung: GGP Media GmbH, Pößneck
Printed in Germany

ISBN 987-3-7205-4011-7

Inhaltsverzeichnis

1. Hier geht's los

Wieder ein Buch-Seminar

Einige meiner Bücher (seit dem »Birkenbihl Power-Tag«) sind Buch-Seminare, d.h. Sie können ihnen (zum Preis eines Buches!) den »Gewinn« eines kompletten Seminares »entnehmen«, wenn Sie wollen. Sie entscheiden bereits beim ersten Modul: Wenn Sie aktiv mitarbeiten wollen, dann sollten Sie zuerst drei Quizfragen (s.u.) beantworten. So werden Sie – wie meine Seminar-TeilnehmerInnen – gut vorbereitet einsteigen. Anschließend folgt eine kurze Schilderung der 17 Fallbeispiele. Wenn Sie dieses Buch als SEMINAR nutzen wollen, legen Sie bitte jetzt bereit:

- Stifte
- Papier

Auch dies ist ein Buch-Seminar…

Es könnte sehr spannend werden, sowohl die ersten drei Fragen als auch die Fallbeispiele mit anderen Menschen zu besprechen und Antworten/Ideen zu vergleichen (das entspräche unseren Kleingruppen-Diskussionen im Seminar).

Drei Quizfragen zu Ihrer Vergangenheit:

1. **Gibt es etwas**, das Ihnen früher lange (regelmäßig) Probleme bereitete und das inzwischen gelöst wurde?

☐ ja ☐ nein

Wenn ja, Stichpunkte: ____________________

____

____

____

____

____

____

____

____

____

2. **Gibt es ein Problem**, das Sie bis heute noch nicht optimal gelöst haben? ☐ ja ☐ nein

Wenn ja, Stichpunkte: ______________________

3. **Notieren Sie mindestens fünf Probleme anderer Menschen**, von denen Sie gehört oder gelesen haben.

Stichpunkte: ______________________

Seminar-Effekt zum Preis eines Buches?

Buch-Seminar oder »normales« Buch – es ist Ihre Wahl ...

Achtung: Wenn Sie den Seminar-Effekt wollen, sollten Sie über diese drei Fragen nachgedacht haben, ehe Sie umblättern, denn es folgt die Besprechung derselben.

Ein langwieriges und schwieriges, aber letztlich gelöstes Problem ...

Besprechung:

Zu **1**. Denken Sie daran, wie langwierig und/oder schwierig es (damals) war, eine Lösung zu finden. Mit der in diesem Buch vorgestellten Technik können gerade »schwierige« Probleme anders angegangen werden. Wenn eine Lösung möglich ist, ist die Chance, daß Sie sie finden, weit größer geworden (es gibt natürlich auch Probleme ohne Lösung).

Ein immer noch offenes Problem...

Zu **2**. Vielleicht ist dies Ihr erstes Fallbeispiel für die Technik dieses Buches?

Mindestens fünf Probleme anderer...

Zu **3**. Es gibt Menschen, die sich niemals für Probleme anderer interessieren und sich wundern, daß sie eigene Probleme nur schlecht lösen können.

Sie werden sehen, wie hilfreich ein/e Fremde/r sein kann; deshalb wäre es nützlich, für gegenseitiges Besprechen von Problemen einige Partner »aufzubauen«. Jeder sieht die Probleme der anderen als Übung für eigene und weiß, daß diese Menschen auch ihm helfen können, wenn er/sie »dran ist«!

Wir benötigen für alle Tätigkeiten, für die wir unsere Kompetenz erhöhen wollen, Übung. Probleme anderer stellen quasi ein »Trockentraining« dar, indem man bestimmte Denk-Techniken gut testen oder trainieren kann. Daher ist es lehr-REICH über Probleme anderer (mit) nachzudenken. Abgesehen davon, daß dies unser eigenes Lösungs-Finde-Verhalten verbessert, können wir anderen vielleicht sogar helfen, weil wir der »objektive Dritte« sind, der die nötige Distanz mitbringt.

Aber neben dem Effekt, daß andere profitieren, wenn wir ihre Probleme (mit) durchdenken, lernen wir durch den Denk-Prozeß selbst. Darum enthält dieses Buch 17 konkrete Fallbeispiele, die nicht nur als »lehrreiche« Stories gelesen werden können, sondern die man auch »durchdenken« kann. Diese Fälle folgen in Kurzform – zunächst natürlich ohne Lösungen. Vielleicht möchten Sie sie alleine durchdenken oder sie mit anderen diskutieren, bevor Sie weiterlesen? Falls nicht, können Sie zum Anfang des zweiten Moduls vorspringen (S. 19).

Kurz-Schilderung der 17 Fallbeispiele

vgl. S. 30ff.

Möchten Sie schon etwas nachdenken?

1. Das FIASKO (im Assessment-Center durchgefallen)
Er wollte Manager werden und hatte sich viel von dieser Prüfung erhofft, die er jedoch vollkommen in den Sand setzte. Er wußte, es gab keine zweite Chance; bei diesem Assessment-Center durfte man nur einmal mitmachen. Er meinte, es sei ein Fiasko ...

vgl. S. 37ff.

Möchten Sie schon etwas nachdenken?

2. Wer möchte nicht gerne mehr Geld besitzen?
Wie kann man prüfen, ob man sich durch »heimliche« (= unbewußte) Anti-Etwas-Programme selber bremst? Im Fallbeispiel sind es Anti-Reichtums-Programme – aber ebenso möglich sind Programme im Sinne von: Anti-Fehler, Anti-Erfolg, Anti-Was-immer ... Finden Sie heraus, wie Sie das herausfinden können.

vgl. S. 44ff.

Möchten Sie schon etwas nachdenken?

3. Weiß ich genug, um dieses Thema zu präsentieren?
Eine schnelle Inventur-Methode zeigt uns in ca. 90 Sekunden, ob wir genügend zu einem Thema wissen, um uns einer Situation (egal ob Prüfung, wichtiges Kundengespräch, öffentlicher Vortrag etc.) zu stellen.

vgl. S. 46ff.

Möchten Sie schon etwas nachdenken?

4. 80 % der Jugendlichen wollen in ca. 15 Modeberufe
... darum finden viele keine Lehrstellen, während andererseits Lehrstellen verzweifelt Jugendliche suchen. Wie kann man jungen Leuten helfen, einen (anderen) Berufswunsch zu generieren?

vgl. S. 51ff.

Möchten Sie schon etwas nachdenken?

5. Wie kann man sein Verhalten verändern?
Der Weg zur Hölle ist ja bekanntlich mit guten Vorsätzen gepflastert. Da hat man dann etwas eingesehen und möchte nicht mehr so (aggressiv, kritisch etc.) sein, ertappt sich aber immer wieder dabei, daß es doch wieder geschieht. Nun, Patent-Rezepte gibt es zwar keine, aber der hier vorgestellte Lösungsansatz hat schon vielen meiner Klienten und Seminar-TeilnehmerInnen geholfen.

6. In 3 Minuten präsentieren müssen?

vgl. S. 56ff.

Möchten Sie schon etwas nachdenken?

Eigentlich hatte der Chef die Präsentationen vor Gruppen von Kunden (meist Chefärzte aus Krankenhäusern) an sich gerissen, aber wenn er nicht da war, mußte irgendein Mitarbeiter »einspringen«. Diesmal war einer »dran«, der die in diesem Buch vorgestellten Techniken kannte und einsetzte. Während die Gäste von der Pforte durch den Mini-Park bis in den Präsentationsraum geführt wurden, stand seine kleine (aber wichtige) Rede.

7. Ein Werbefachmann muß gaaaaanz schnell denken ...

vgl. S. 59ff.

Möchten Sie schon etwas nachdenken?

Einer meiner Seminarteilnehmer befand sich in einer beruflichen Notlage, als er plötzlich mit einer Idee aufwarten mußte (weil ein Kollege krank wurde und dessen Kunde in zwei Stunden auf der Matte stehen würde). Er ist eigentlich jemand, der lieber rechtzeitig anfängt und der unter Zeitdruck nicht gut denken kann. Nun mußte er in zwei Stunden die Aufgabe lösen – er, der im Zweifelsfall annahm, kurzfristig überhaupt nicht denken zu können ...

8. Chronisch zu spät kommender Mitarbeiter ...

vgl. S. 61ff.

Möchten Sie schon etwas nachdenken?

Stellen Sie sich vor, Sie wären AbteilungsleiterIn und suchen eine Lösung für das Problem eines chronischen Zuspätkommers, mit dem Sie schon alles versucht haben (nettes Zureden, Schimpfen, Abmahnung). Einerseits wollen Sie ihn als Arbeitskraft nicht verlieren, andererseits kostet er alle Betroffenen zuviel Zeit und Nerven. Was tun?

9. Der fiese Kunde aus Wien ...

vgl. S. 63ff.

Möchten Sie schon etwas nachdenken?

Einer meiner Coaching-Brief-Leser rief mich in der monatlichen Hotline an und schilderte mir den Ärger, den er mit einem neueren Kunden hatte: Natürlich wollten er und sein Team den Kunden durchaus zufriedenstellen, aber er gehe allen total auf den Geist, weil er sich weigere, einen branchenüblichen 2-Jahres-Dienstleistungsvertrag abzuschließen und ständig damit drohe, zur Konkurrenz »überzulaufen«. Es könne so nicht weitergehen ...

vgl. S. 67ff.

Möchten Sie schon etwas nachdenken?

10. Wenn es darauf ankommt: krank!

Hier geht es um einen hochmotivierten Mitarbeiter, der jedoch immer wieder, wenn man ihn **besonders** brauchen würde (z.B. wenn eine Messe ansteht), akute Anfälle (einer chronischen Krankheit) bekommt, die ihn zwingen, zuhause zu bleiben.

Er selbst erklärte mir die Situation und sagte, er nehme zwar an, die Anfälle seien psychosomatisch bedingt (sein Arzt und seine Lebenspartnerin glaubten das ebenfalls) aber er habe sich schon monatelang den Kopf zerbrochen und könne sich nicht denken, was ihn so stressen würde, denn **eigentlich** arbeite er doch sehr gerne dort ... Wenn jemand »eigentlich« sagt, werde ich immer hellhörig, deshalb meinte ich: »Eigentlich ist eigentlich immer eine Einschränkung, oder?« Er wollte zuerst vehement widersprechen, unterbrach sich dann jedoch mitten im Satz und meinte: »Na ja, deshalb habe ich Sie ja heute angerufen. Können Sie mir helfen?« Nun, er konnte sich mit der ABC-Kreativ©-Methode selber helfen ...

vgl. S. 69ff.

Möchten Sie schon etwas nachdenken?

11. Wie soll sie sich (wegen Boris) entscheiden?

Die Nichte einer Kundin (die unmittelbar in der Nachbarschaft wohnt) hatte Probleme, weil ihr Freund einerseits furchtbar eifersüchtig war und andererseits ständig in kleine Untreue-Aktivitäten verwickelt war. Meine Kundin meinte, es wäre sicher das Beste, wenn ihre Nichte von dem jungen Mann lassen könnte, aber sie als Tante wolle nichts dergleichen vorschlagen, denn sie befürchte eine Trotz-Reaktion. Gibt es eine Möglichkeit, die junge Dame selbst zum Nachdenken zu bewegen?

12. Ein Autor sucht verzweifelt ein Thema!

Dieses Beispiel betrifft mich selbst. Damals schrieb ich eine monatliche Kolumne. Das Schöne an einer solchen ist ja, daß man über alles schreiben kann, frei nach Wunsch. Das Schlimme ist allerdings, daß man manchmal gar nicht weiß, worüber man schreiben soll. Insbesondere, wenn man nicht rechtzeitig begonnen hat und der Termin ein wenig drückt ... In einem besonders schlimmen Fall brauchte der Redakteur den Text innerhalb von zwei Stunden, sonst gäbe es in diesem Heft keine Kolumne. Hier saß ich nun, auf der verzweifelten Suche nach einem Thema.

vgl. S. 71f.

Möchten Sie schon etwas nachdenken?

13. Er will sie überzeugen: sachlich, rational ...

Zwei Ehepartner liegen oft im Clinch. Es geht immer um ein Thema, das **ihm** sehr am Herzen liegt und das **sie** völlig anders sieht. Jahrelange Diskussionen konnten nichts daran ändern, nie konnte er zu ihr durchdringen! Als er mich fragte, wie er seiner Frau seine Position klarmachen könne, betonte er, wie sachlich, rational und logisch er immer argumentiert habe. »Diese eine Sache ist jedoch in unserer Partnerschaft so wichtig, daß es mich sehr belastet!« »Trotzdem«, meinte er, »habe ich es noch nie vermocht, zu ihr durchzudringen.« Das Spannende an diesem Fallbeispiel ist, daß ich nie erfuhr, worum es ging. Das war gar nicht nötig. Ich leitete ihn an, sein Problem selbst zu lösen und dabei muß man als Berater die Details gar nicht kennenlernen.

vgl. S. 72ff.

Möchten Sie schon etwas nachdenken?

14. Keiner will die Hausarbeiten machen?

Wieder ein Beispiel aus den monatlichen Hotline-Telefonaten (die übrigens zumeist auf beiden Seiten mitgeschnitten werden. Dieser Mitschnitt erlaubt später eine Transkription und diese wiederum kann zum weiteren Nachdenken verwendet werden. So sind viele Fallbeispiele zu diesem Buch entstanden).

vgl. S. 76ff.

Möchten Sie schon etwas nachdenken?

vgl. S. 78ff.

Möchten Sie schon etwas nachdenken?

Eine Familienberaterin in einer kirchlichen Organisation hat ein Standardproblem, nämlich daß in vielen Familien **niemand bei den Hausarbeiten helfen will**. Es hat jedoch keinen Sinn, nur auf sie einzureden. Denn das ergibt höchstens »gute Vorsätze«, die nicht lange halten.

15. Ein Seminarleiter braucht dringendst (!) eine Idee ...
Schriftsteller, Werbeleute, LehrerInnen usw. (ja, auch SeminarleiterInnen!) benötigen immer wieder Ideen, die jedoch unter (Zeit-)Druck in der Regel nicht frei fließen. Deshalb ist der Ansatz mit ABC-Kreativ© so hilfreich: Wir können ganz schnell Ideen produzieren. So auch in diesem Fall. Ein Kollege suchte dringend eine praktische Anwendung (eine Übung, ein Experiment o.ä.) zu einem Thema ...

vgl. S. 80ff.

Möchten Sie schon etwas nachdenken?

16. Wohin mit dem vielen Bio-Müll?
Dies ist ein absolut faszinierender Fall: Einer meiner Kunden stand vor der Entscheidung, den gesamten Fertigungsprozeß seiner Firma zu verändern. Einer der Gründe war der Versuch, die Mengen an GIFTIGEN ABFÄLLEN zu reduzieren, die bei der alten Produktionsmethode abfielen. Nun hatte man sich auf eine von mehreren möglichen neuen Techniken »eingeschossen« und stand kurz vor dem Zeitpunkt, an dem alle Signale auf Grün geschaltet werden sollten (wie er es ausdrückte), als er von einem Berufskollegen gewarnt wurde. Dieser hatte ihm mitgeteilt: »Hör mal, mein Freund! Bei der neuen Methode wirst du auch Abfall haben. Zwar keinen giftigen sondern biologischen, aber so viele und so große Komposthaufen gibt es nirgends, daß du diese Massen entsorgen kannst! Da kommst du vom Regen in die Traufe, mit dem Unterschied, daß diese Traufe gehörig stinken wird, wenn das Zeug bei Euch herumliegt ...« Mein Klient war entsetzt und machte einen Beratungstermin mit mir aus.

Ich werde übrigens oft stundenweise »gemietet«, weil ich immer so viele Ideen habe. In diesem Buch verrate ich die Techniken, mit denen ich vorgehe, damit Sie als Betroffene/r (bzw. als TrainerInnen und BeraterInnen) selber besser denken können.

17. Die dunkle Parkgarage

In einem Shopping-Center weigerten sich weibliche Kunden, abends zu kommen, wiewohl sie das gerne getan hätten, weil die Parkgarage zu dunkel war und niemand für die Investition (Lampen, Installation und später Strom-Mehrpreis) aufkommen wollte. Die Managerin des Centers war völlig verzweifelt, als sie mir das Problem schilderte.

vgl. S. 83ff.

Möchten Sie schon etwas nachdenken?

Die durch ABC-Kreativ© gefundene Lösung ist so brillant, daß sie vielleicht auch andernorts Schule machen wird.

SAAT
ERNTE!
V&
NEUES
altes
MEISTERN
SEMINAR
IDEEN
INFOS
REPER-
TOIRE
ERWEITern

2. Die Wurzeln von ABC-Kreativ©

Drei Denk-Tools

Es ist oft schwierig nachzuvollziehen, wie eine Erfindung oder Entwicklung zustande kam, insbesondere wenn sie sich über Jahrzehnte hingezogen hat. So könnte man mein Denk-Werkzeug ABC-Kreativ© als **Weiterentwicklung** dreier Denk-Tools sehen, die mir jahrzehntelang gute Dienste geleistet hatten. Deren Wurzeln wiederum liegen in meiner Jugend, als wir noch regelmäßig »Gesellschaftsspiele« spielten. Ich gehöre ja zur letzten Prä-Fernseh-Generation. In meiner Kindheit und Jugend beschäftigten wir uns regelmäßig geistig, statt in die Glotze zu starren.

Wir spielten z.B.:
- **Stadt-Land-Fluß** (in der Schweiz als »Geographie-Spiel« bekannt)
- **Teekessel**
- **demokratische Definitionen**
- **rhetorische Spiele**
- **Logik-Spiele**
- **Gedächtnis-Spiele**
- **Scharadenraten ...**

Das **erste TOOL** ergibt sich aus einem Spiel, welches das Sprechdenken trainiert. Diese Aufgabe stellt übrigens eine wunderbare **Rhetorik-Übung** dar. Es gilt, zu einem willkürlich gewählten Begriff eine Minute lang frei assoziativ (d.h. ohne Denkpausen, insbesondere ohne lange »Äääh«) zu sprechen.

Ich kann solche Spielchen nur wärmstens empfehlen: Wer sich »durchringt«, zwei Abende pro Woche **spielerisch** verbal-rhetorische Fähigkeiten zu trainieren, wird bereits nach ca. einem halben Jahr erste **Verbesserungen** feststellen. Nach etwa einem Jahr beginnt es auch anderen (z.B. dem Chef oder der Chefin!) aufzufallen!

Es gibt **keine Gruppe,** mit der Sie üben könnten? Doch, jetzt schon! Denn inzwischen gibt es eine sehr preiswerte Möglichkeit, systematisch zu trainieren: die amerikanischen Toastmaster sind nun auch in Deutschland zu finden (vgl. www.toastmaster.org)

Jetzt kennen sie das erste TOOL: **frei-assoziatives Nachdenken** über einen Begriff, inkl. (bei den fortgeschrittenen Übungen) einem Vordringen in die TIEFE eines Wortes, indem man es »wörtlich« nimmt (eine Angewohnheit, die ich Zeit meines Lebens beibehalten habe).

Das **zweite TOOL** bezeichne ich gern als **Stadt-Land-Fluß-Effekt,** der sich natürlich von dem bekannten Spiel herleitet. Sie wissen ja: Wer oft gespielt hat, trägt regelrechte Wissens-ABC©.s im Kopf herum. Deshalb kann er oder sie so gut spielen. Aber bitte bedenken Sie, daß dieser schnelle und kompetente Zugriff auf Wissen nur

Zur Sicherheit eine kleine Erinnerung: Man wählt einen Buchstaben und dann notieren alle so schnell wie möglich eine Stadt, ein Land, einen Fluß (bzw. was immer man heute »spielen« will).

bei den trainierten Kategorien (meist Städte, Länder und Flüsse) gelingt. Schlägt jemand vor, heute mal Stadt-Land-Quantenphysik zu spielen, dann nützt das Flüsse-ABC nicht viel!

Aber es gibt noch einen zweiten Grund, der mich zu den Wissens-ABC©.s brachte, nämlich die Tatsache, daß Angelsachsen in weit größerem Maße als wir Deutsche alphabetische Listen erstellen, wenn sie über ein Thema nachdenken wollen. Das habe ich, als ich sieben Jahre in den USA lebte, übernommen. Nun ist das Erstellen von Listen zwar nicht das Hauptthema dieses Buches, aber lassen Sie uns festhalten: Es lohnt sich allemal, »**alphabetisch nachzudenken**«, wenn Sie ein Thema erforschen wollen (was ich an anderer Stelle* aufzeige). Uns geht es in diesem Buch um das **Benutzen** von Listen, wenn wir auf der Suche nach kreativen Problemlösungen sind. Und das bringt uns zum dritten Denk-Werkzeug, das zur Entwicklung von ABC-Kreativ© geführt hat.

Man nehme ein Buch, öffne es an irgendeiner Stelle und steche eine **Nadel** hinein. So wählt man einen Zufalls-Begriff, um neue Assoziationen zum derzeitigen Problem auszulösen.

Dieses **dritte TOOL** ist eine bekannte Kreativitäts-Technik (s. Randspalte). Diese **Nadel-Stich-Technik** funktioniert. Allerdings können wir mit Wissens-ABC©.s noch einen Tick besser werden. Nicht zuletzt, weil wir solche Listen auch im Gedächtnis »spazierentragen« und z.B. unauffällig in einem Gespräch oder Meeting einsetzen können, ohne daß andere begreifen, wie wir unsere kreativen Ideen produzieren!

Vielleicht haben Sie schon einmal von einer Parallele gehört, die ich als Bibel-Orakel bezeichne: Kam jemand in meiner Kindheit mit einem Problem zum Pfarrer, konnte es vorkommen, daß diesem kein guter Rat einfiel. Dann schlug der Pfarrer oft vor, man solle **Gott befragen.** Wie? Sie ahnen es: Indem man die Bibel an einer beliebigen Stelle aufschlägt und dort zu lesen beginnt ...

Durch Gottes Vorsehung würde dabei immer etwas herauskommen, was wir gedanklich verwenden können, sagte der fromme Mann dann gerne.

Tatsächlich verbirgt sich hinter dem Erfolg ein neurophysiologisches Prinzip, das Leonardo da VINCI bereits erkannt und beschrieben hatte:

* Vera F. BIRKENBIHL: *Das innere Archiv©*, 2002

Präsentiert man dem Geist zwei Ideen gleichzeitig, so muß er sie miteinander in Verband bringen; denn er kann *nicht* über zwei separate Dinge gleichzeitig reflektieren.

Leonardo da VINCI

Durch diese **paarweise Assoziation** des Problems mit dem Thema der Bibelstelle ergeben sich demzufolge oft neue (verblüffende) Gedankenverbindungen, die uns helfen, aus alten Denk-Rillen herauszuspringen (oft werden wir regelrecht herauskatapultiert). So kann sich für ein »Sackgassen-Problem«, das wir bereits für völlig **unlösbar** gehalten hatten, eine neue kreative (originelle) Lösung »finden«.

Dieses Buch stellt Ihnen auch solch **schwierige** Fallbeispiele vor.

Jetzt kennen Sie die drei Denk-Tools, die hinter dem Konzept von ABC-Kreativ© stehen. Nun fehlt noch eine letzte Komponente, ehe wir in den Problem-Lösungs-Prozeß einsteigen können, denn wir sollten unterscheiden zwischem assoziativem und bisoziativem Denken.

Zusammenfassung:
Die drei Wurzeln der ABC-Kreativ©-Technik:

1. **Sprechend fließende Assoziationen zu einem Thema zu finden**
2. **Stadt-Land-Fluß-Effekt des Wissens-Rasters im Kopf**
3. **Nadel-im-Buch (Die Wortfindungs-Technik) oder: wie Zufalls-Verbindungen (assoziativer oder bisoziativer Natur) unserem Denken auf die Sprünge helfen können.**

KOESTLERs Bisoziation

Den Begriff *Bisoziation* erfand Arthur KOESTLER*. So nennt er die verblüffende Zusammenführung zweier Elemente (z.B. zweier Gedanken), die normalerweise nicht zusammengekommen wären.

Denken: assoziativ oder bisoziativ?

* Er beschreibt ihn in mehreren seiner Bücher, insbesondere: *Der Mensch, Irrläufer der Evolution?*

Der Begriff Bisoziation löst sich auf in: bi = zwei und soz... (dieser Wortteil bedeutet mit, gemein-[sam] oder zusammen u.ä., vgl. sozial).

KOESTLER beginnt damit, daß er drei Prozesse verbindet, die die meisten Menschen als getrennt empfinden. Er sieht sie genaugenommen als Teil eines Spektrums. Dies erstreckt sich vom erstaunten »Aaah!« (wenn uns langsam ein Licht aufgeht) über das scharfe »Aha!« (wenn wir plötzlich in eine Erleuchtung »hineinfallen«) bis hin zum verblüfften »Haha!« (Gelächter). In meinem Taschenbuch *Humor – an Ihrem Lachen soll man Sie erkennen* zeige ich, warum KOESTLER die **Bisoziation** immer mit Kreativität gleichsetzt (ich zitiere):

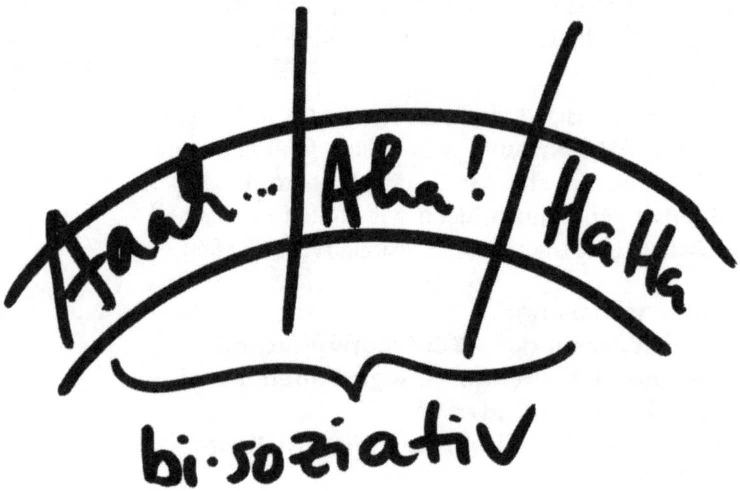

> (So) steht die Bisoziation immer auf der Seite dessen, was wir als nicht rational, un-logisch, ver-rückt (weggerückt vom Normalen!) kategorisieren und genau dies ist die Domäne des Kreativen! ... Die Kreativität des Menschen ist Teil eines einzigen Grundschemas, zu dem sowohl die wissenschaftliche Entdeckung als auch die komische Inspiration gehören.

Wie spannend (interessant, faszinierend etc.) wir einen Gedanken finden, hängt ab von dem Grad der **Verblüffung,** den wir erleben, deshalb spreche ich vom *Verblüffungs-Index* oder vom *Verblüffungsfaktor.*

0 % |————————————————————| 100 %

Dieser Verblüffungs-Index liegt bei Null, wenn etwas 100 %-ig Ihrer Erwartung entspricht. Diese wiederum speist sich aus allen bisherigen Erfahrungen, d.h. aus Ihrer Vergangenheit! Kommt etwas so, wie Sie es erwartet haben, dann ist es bequem, aber auch ein wenig langweilig. Gibt es jedoch eine tolle Pointe (z. B. bei einem Witz), dann erhöht sich der Verblüffungs-Index (bis hin zu 100 %). Nun ist man überrascht.

Egal ob neue Einsicht oder Pointe einer lustigen Story, eines Bonmots etc., KOESTLER weist darauf hin, daß der Begriff *Witz* im Sinne von »Esprit« (scharfer Verstand!) gebraucht werden kann oder aber im Sinne von »lustig« (»Haha«). Das ist übrigens in vielen Sprachen der Fall. Angenommen Sie hören/lesen:

Drei deutsche Jäger gehen durch den Wald. Der erste hat ein Gewehr. Der zweite hat einen Rucksack. Was hat der dritte? Was würden Sie raten? Der dritte hat

____

Wird meine Antwort voll Ihrer Erwartung entsprechen, dann liegt der Verblüffungs-Index bei Null. Weicht die Antwort ab, könnte er bei 30 % (einem Schmunzeln) liegen, aber vielleicht ist die Antwort doch sehr überraschend? Sie lautet: *Der dritte hat Karies. Jeder dritte Deutsche hat Karies.*

Hatten Sie Rucksack, Gewehr, Fernglas, vielleicht ein Messer, um das Wild aufzuschneiden (o.ä.) erwartet?

Stellen Sie sich vor, Sie wären der Neue in folgender Story:

> Neuer Manager in der Firma, erstes Essen im Casino mit anderen Führungskräften, inkl. des obersten Bosses.
> Dieser: »Na, Sie waren ja zwischen Ihrer alten Firma und unserem Haus in Urlaub. Wo waren Sie denn?« – Der Neue: »Brasilien.«
> »Ah,« meint der große Boss, »erzählen Sie mal!« – »Nun ja, außer Fußballclubs und Prostituierten gibt es dort nicht viel.«
> Oberboß: »Ich mache Sie darauf aufmerksam: meine Frau ist Brasilianerin.«

Na, was hätten Sie jetzt gesagt? Prüfen Sie den Verblüffungs-Index der Reaktion des neuen: »Oh,«, meint er, »in welchem Club hat sie denn gespielt?«

Das weiß so manche treue Ehefrau, die seit Jahren mitlacht, wenn ihr Mann seine angeblich originellen Bemerkungen losläßt, deren Verblüffungsgrad für Fremde hoch ist, weshalb er zunächst auf sie kreativ wirkt. Aber es ändert nichts an der Tatsache, daß Assoziationen immer »alt« sind.

Halten wir fest: Je überraschter wir von der Verbindung zweier (oder mehrerer) Gedanken sind, desto höher ist der Verblüffungs-Index und damit auch die Chance, daß diese Ideen-Kombination uns aus alten Denk-Rillen herauszuheben vermag. Die ABC-Kreativ©-Technik sorgt dafür, daß wir weit mehr Bisoziationen »produzieren« und somit weit kreativer denken als normal. KOESTLERs **Bisoziationen** entsprechen einer höheren Qualität als normale Assoziationen, denn alle Assoziationen entstammen ja gewohnten, bekannten Gedankenverbindungen (aus unserer Vergangenheit).

Selbst wenn sie einen hohen Verblüffungs-Index für andere Menschen (mit denen wir darüber sprechen) haben mögen, sind die Ideen-Verbindungen für uns alt, wie das folgende Denk-Bild* zeigt:

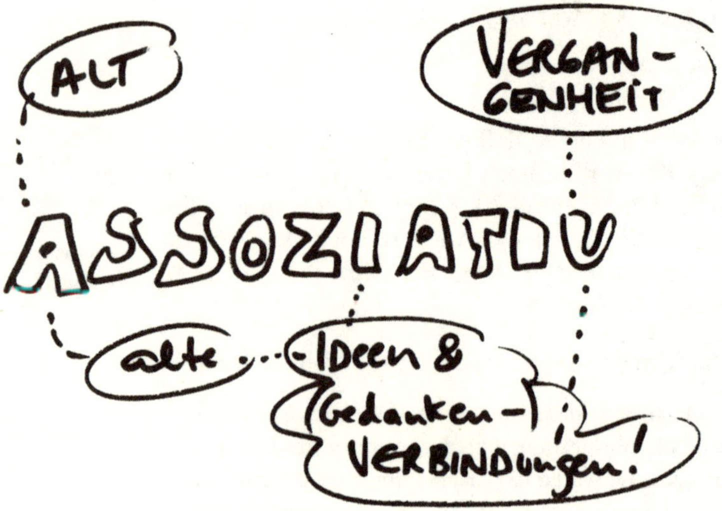

Anders ausgedrückt: Wenn wir schon 500 Mal Stadt-Land-Fluß gespielt haben, dann haben wir oft genug geübt, welche Assoziationen gut »passen«. Dasselbe gilt für alle eingefahrenen Assoziationen, in denen das greift,

* Vgl. Vera F. BIRKENBIHL: *Das große Analograffiti-Buch*, 2002

was ich den *Stadt-Land-Fluß-Effekt* nenne. Ganz anders die Bisoziation, denn:

Jede Bisoziation ist zwangsläufig *neu,* da sie per definitionem *zum ersten Mal* stattfindet (sonst wäre es ja eine Assoziation gewesen).

Mit ABC-Kreativ© erzeugen wir sehr schnell quantitativ mehr Ideen als durch normales Denken. Die meisten dieser Gedanken werden »einfache« Assoziationen sein, aber damit haben wir bereits »die Nase vorn«, nämlich gegenüber all den »normal denkenden« Mitmenschen.

Bitte bedenken Sie, daß Leute, die sich gern darüber beklagen, daß ihnen »nie« etwas einfällt, nicht einmal große Mengen an »alten« Assoziationen erzeugen können. Dies ist der Minimal-Nutzen meiner Denk-Technik: mehr Assoziationen, die wiederum weitere nach sich ziehen, so daß ein regelrechter Gedanken-FLUSS entsteht! Aber mit etwas Übung gelingen uns bald immer häufiger jene qualitativ höherwertigen (und oft als »genial« bezeichneten) Bisoziationen! Mit ihnen können wir Probleme dann noch kreativer lösen! Mit dieser »Denke« lassen wir die meisten Mitmenschen weit zurück, denn hier greift erst eine gewisse Menge an **Training**. Wie bei allem, was echte Kompetenz bedeutet – erst das Training wird unser Repertoire professionell machen!

Ein Fallbeispiel für KOESTLERs Bisoziation

Beginnen wir mit dem Bild zweier unabhängiger **Denk- oder Ideen-Wolken**. Nehmen wir an Sie denken manchmal über die Quantenphysik nach und zu anderen Zeiten über Kochen. Dann könnten wir uns vorstellen, daß Sie eine quantenphysikalische Denk-Wolke besitzen und eine für Prozesse oder Techniken des Kochens, Garens, Backens, Bratens etc. Normalerweise würden Sie die beiden wohl kaum verbinden. Sollten beide aber in einem Geistesblitz miteinander verbunden werden, dann wäre dieses Zusammentreffen bisoziativ. Wenn diese

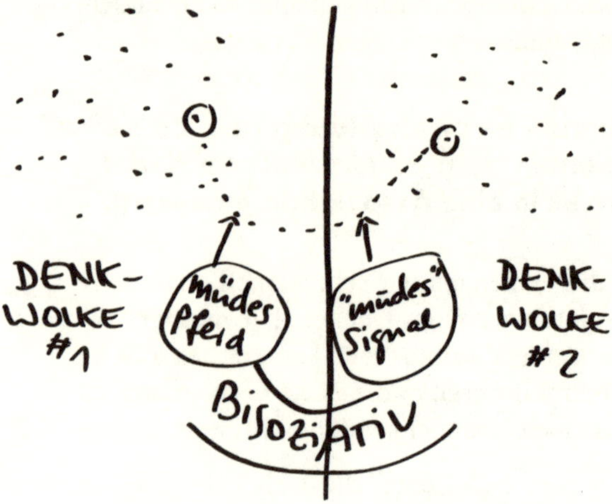

resultierende Einsicht neue Ideen bietet, sprechen wir (hinterher) von einer kreativen Gedanken-Ver-BIND-ung. Ein wunderbares Fallbeispiel für bisoziatives Denken liefert Michael MICHALKO (in: *Erfolgsgeheimnis Kreativität*). Da ich einst einen Film über die Anfänge von Reuters sah, ergeben beide Informationsquellen zusammen eine soweit vollständige Information. Sie können sich das wie folgt vorstellen:

Erster Akt: Herr Morse erfindet das Morsen

Nachdem Herr Morse das Telegrafieren (wörtlich: das FERN-Schreiben) erfunden hatte, litt die neue Technik darunter, daß man Signale nur nach NAH senden konnte (die Reichweite war so gering, daß man eben leider nicht FERN-senden konnte).

Das betrübte ihn zutiefst, denn gegen eine professionelle Brieftaube kam sein Signal nicht an.

Zweiter Akt: Herr Morse reist mit der Postkutsche

Eines Tages war Herr Morse mit der Postkutsche unterwegs. Man machte eine Pause, in der die Reisenden im Wirtshaus eine Mahlzeit einnehmen und/oder sich die Füße einwenig vertreten konnten. Dies tat Herr Morse und beobachtete den Wechsel der Postkutschenpferde.

Ihm (wie allen Reisenden damals) war klar, daß die Pferde an gewissen Punkten einer langen Reise ausgetauscht wurden, da ein »Satz« Tiere regelmäßig Ruhe benötigt hatte. Durch den Tausch konnte die Kutsche sich ständig bewegen (wobei die Zeiten des Ab- und Anspannens kleine Ruhepausen für die Menschen boten).

Dritter Akt: Herr Morse denkt bisoziativ

Zum einen dachte er darüber nach, wie enttäuscht er war, daß das Telegraphie-Signal nicht FERN genug zu versenden war, weil die Botschaft nicht weit genug »reisen« konnte.

Zum anderen sah er zu, wie man die Pferde wechselte, und ihm war klar, daß man das tat, weil die Pferde müde waren.

Auf einmal sah er die Brücke zwischen beiden: Was, wenn man sich das Telegraphie-Signal als auf eine Reise gehend vorstellte? (Das war eine neue Metapher, damals!!) Dann ist das Signal analog zum Pferd, das auf Reise geht. Pferde werden müde. Und Signale??? Wenn es nun auch eine Art von Müdigkeit wäre? Könnte man das Problem lösen, indem man das Pferd (pardon, das Telegraphie-Signal) austauschte?

Nun hat Arthur KOESTLER den Begriff »bisoziativ« erfunden, um mit einem Wort zu beschreiben, daß zwei Gedanken (Ideen, Techniken, Theorien etc.) zusammengebracht wurden, die normalerweise nie zusammengetroffen wären. Dies passierte hier, als Herr Morse quasi zwei Gedankenströme in seinem Kopf jonglierte.

Vierter Akt: Herr Morse tauscht die »Pferde«

Sie kennen das Ergebnis: Man morst das Signal nach NAH, dort sitzt ein Morse-Operator, der es hört, notiert und wieder neu auf Reise schickt. Somit wurde das ursprüngliche schwache Signal gegen ein neues, starkes ausgetauscht.

Nun begann der Siegeszug der Telegraphie (d.h. des »Internet« des viktorianischen Zeitalters, wie MICHALKO es nannte). Man stellt überall Masten auf und spannte Telegraphen-Drähte. An diesen wiederum verunglückten immer mehr Brieftauben, so daß eines Tages auch der deutsche Brieftauben-Nachrichtenversender REUTER auf Telegraphie umstellen mußte und so entstand die erste und noch immer eine der größten Nachrichtenagenturen der Welt. Hier wurde zum erstenmal in der Menschheitsgeschichte Information zur »Ware«, mit der Leute wie REUTER Handel trieben. Das hatte mit Brieftauben begonnen, während wir heute elektronische »Tauben« durch das »Netz« schicken …

Man spricht heute ganz allgemein davon, daß Signale »müde« werden bzw.daß schwache Signale »verstärkt« werden müssen, deshalb hat Ihr Radio einen Verstärker …

3. Denken mit KaWa©

Vorbemerkung:

Viele meiner LeserInnen kennen das analografische Grundprinzip (KaWa©, KaGa©) bereits, da ich seit einigen Jahren (in wachsendem Maße) Informationen hierzu veröffentlicht habe.

Wenn Ihnen das Prinzip noch (ziemlich) neu ist, springen Sie doch bitte erst zu Merkblatt Nr. 1 (S. 160ff.) und lesen dann hier in Modul 3 weiter.

Deshalb möchte ich die Insider nicht langweilen, es Neu-Einsteigern aber ebenfalls möglich machen, dieses Buch zu lesen, ohne andere konsultieren zu müssen.

Daher finden Sie eine Hinführung zu Analograffiti© im Anhang (ab S. 159). Somit ist die Einführung vorhanden, ohne den Haupttext »aufzuhalten«.

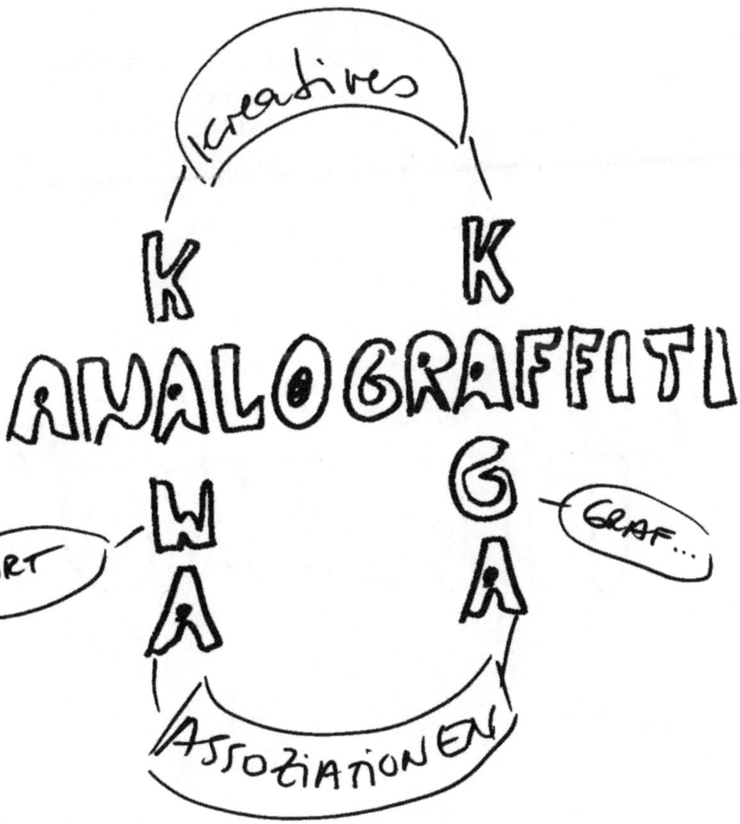

Fallbeispiel Nr. 1: Das FIASKO

Hier geht es um einen Mann, der in einer großen deutschen Firma arbeitet und eigentlich vorhatte, sich dort in Richtung Management zu bewegen. Er hatte an einem Assessment-Center für potentielle Führungskräfte (dieser Firma) teilgenommen und war **durchgefallen**. Als er mir die Situation schilderte, war das häufigste Wort, das er gebrauchte: »Fiasko«.

> Quintessenz: »Die Ausgangssituation war äußerst unfair und mies, deshalb ist mir der Fehler unterlaufen ... S wie Scheiße ... das erklärt sich ja von selbst ... Ich sehe absolut keine Chance, diesen brutalen Ist-Zustand zu verändern, denn die Entscheidung dieser Assessment-Center-Leute ist endgültig und es gibt keine zweite Chance bei dieser Sache, etwas, das ich ebenfalls äußerst unfair finde. Tja, das O erklärt sich auch von selbst.«

Da er in einem Analograffiti©-Workshop gewesen war, schlug ich ein schnelles KaWa© mit jenem Begriff als erste Inventur (vgl. Merkblatt Nr. 1 KaWa©/Analograffiti©, S. 160) vor. In diesem Fall ergaben seine Assoziationen sehr interessante Ansatzpunkte zum Weiterdenken, wie Sie gleich sehen werden.

Schritt 1: KaWa© zu »Fiasko«

Nach ca. 50 Sekunden meldete er: A wie *Ausgangssituation*, F wie *Fehler*!, S wie *Scheiße* ..., K wie *keine Chance*, I wie *Ist-Zustand* und O wie *ooooooh Mist*!

Auf meine Bitte, diese Stichwörter etwas näher zu erläutern, lancierte er eine ziemlich verärgerte Tirade, deren Schlüsselgedanken der ursprünglichen Schilderung seines Problems sehr ähnelten. Bitte bedenken Sie: wir nehmen gerne an, es würde uns helfen, uns über eine Sache »aufzuregen«, aber das hilft uns leider nicht. Es sorgt nur dafür, daß wir uns bei jeder (weiteren) derartigen Schilderung wieder aufregen. Außerdem erzählen wir dann oft dasselbe (manchmal sogar Wort für Wort!) mehrmals hintereinander (und merken es überhaupt nicht).

Deshalb meinte ich nur: »Sie **jammern** so schön, machen Sie das nur heute oder immer? Nach dem Motto: von Beruf Opfer?«

Er: »Da ist was dran; ich sehe mich in dieser Situation schon irgendwie als Opfer!« Seine Hauptaussage: »Wenn ich mich im Vorfeld nicht so sicher gefühlt hätte, dann hätte ich sicher begriffen, worum es dabei ging. Ich finde das **unfair.** Ebenfalls ärgert mich, daß meine Kollegen, die ich um Rat fragte, mir nicht besser Auskunft gaben. Eigentlich sind die ja schuld, zumindest teilweise!«

Die anderen sind Schuld!

Auch meine Frage, was er für die eigentlichen Ursachen jenes Fiaskos hielte, führte zu keiner analytischen Denkweise, sondern er wiederholte noch mehrere Male, er hätte sich aufgrund jener falschen Infos, total sicher gefühlt und er wäre wegen dieser Falschinformationen bewußt spontan und »locker vom Hocker« in die Sache hineingegangen und sei deshalb so enttäuscht und so sauer.

Schritt 2: Reflexion

Nun wollte ich wissen, welche Art der Vorbereitung vielleicht **möglich** gewesen wäre und fragte, ob er vorab gewußt hätte, welche Aufgaben auf ihn zukämen. Er bejahte und zählte einige auf, darunter rhetorische:

- eine Rede halten,
- Fragen zur Rede beantworten und
- die eigenen Hauptargumente in Rede und Gegenrede mit kritischen Zuhörern verteidigen. Sogar das Thema war vorab bekannt.

Als Außenstehender sieht man ja viel klarer als die Betroffenen, weshalb jeder Mensch anderen als RatgeberIn helfen kann! Ihnen, liebe Leserin, lieber Leser, ist natürlich klar, daß für einen Management-Anwärter das eigentliche Assessment-Center bereits im Vorfeld begonnen hatte. Es geht u.a. um die Frage: **Wie bereitet man sich auf solche Aufgaben vor?** Als ich ihn fragte: »Warum hatten Sie sich denn nicht besser vorbereitet?«, meinte er wieder, man habe ihm geraten, sich nicht vorzubereiten und spontan zu sein.

Ich habe inzwischen mit Leuten telefoniert, die **Assessment-Center** leiten, und alle meinten, solche Aufgaben seien durchaus üblich. In einem der Zentren sitzt eine Person ständig am Telefon, um die Fragen jener zu beantworten, die sich vorab gut informieren würden. Die Kandidaten bekämen teilweise sogar extra Infos, Fragebögen, Checklisten etc. zugesandt, aber nur, wenn sie sich im Zuge ihrer eigenen (autonomen) Recherchen meldeten.

Ich schlug vor, die Sache doch einmal aus der Sicht der Organisatoren zu sehen: »Hier will sich jemand für das Management qualifizieren. Wäre es da nicht besser gewesen, einen Organisator oder den Leiter des Assessment-Centers anzurufen und diese kompetenten Fachleute zu befragen, wie man sich vorbereiten soll? Die Vorbereitung beinhaltet m.E. auch **das Recherchieren,** wie man eine **neue** Situation angehen soll. Gehört das nicht auch zu den Aufgaben der Führungskandidaten?«

Auf meine Frage: »Glauben Sie wirklich, daß Sie qualitativ hochwertiges **Managementformat** bewiesen haben bzw. jetzt, im Nachhinein, beweisen ...?« wurde er sehr nachdenklich und meinte: »Vielleicht versuchte man ja gerade solche Leute wie mich auszusortieren. Leute, die sich im Vorfeld nicht die nötige Mühe machen, die wichtigen Infos an den richtigen Stellen zu recherchieren und die dann hinterher der Welt die Schuld geben, wenn etwas, was sie spontan nicht optimal managen, schief geht.« Er fügte hinzu: »Na ja, vielleicht wollte ich es nicht wahrhaben, daß die Fertigkeiten, um die es in diesem Assessment-Center ging, nicht wirklich meine eigentlichen Stärken sind. Meine Stärke ist nun mal nicht wochenlanges Vorbereiten, sondern die Spontanität, schnelles Denken in kitzligen Situationen ... Aha! Ich könnte also das *S* in *Fiasko* mit *Spontanität* oder mit *Stärke* belegen, sogar mit beiden!«

Es ist wichtig, daß uns klar ist:

1. Solche Prozesse laufen weit schneller ab, als sie sich beschreiben lassen!
2. Ein Denk-KaWa© ist ja nur ein Ausgangspunkt, von dem aus wir weiterdenken. Allerdings könnte es interessant sein, nach den ersten Assoziationen einen andersfarbigen Stift zu nehmen, so daß Sie später leicht sehen können, welche Assoziationen Sie nach dem ersten Durchgang entwickelten. So könnte man jetzt die beiden neuen Assoziationen *(Spontanität* und *Stärke)* mit dieser zweiten Farbe schreiben.

   »Übrigens,« meint er dann, »was würden Sie zu *S* in diesem Falle assoziieren?« »Nun«, meinte ich, »mein ›*S*‹ steht sehr häufig für ***Story***«.

   Vgl. mein Taschenbuch ***StoryPower.***

   »Wieso das?«, wollte er wissen. Antwort: Jede Story kann uns eine potentielle Lehre bieten. Sie kann bezüglich der Fragestellung: **Was ist die Lehre für die Zukunft?** abgeklopft werden. Deshalb fragte ich ihn jetzt:

   »Wie würden Sie diese Frage in diesem Fall beantworten?«. Er: »Ich hätte nicht hingehen sollen, dann wäre das nicht passiert.«

   Achtung: **Ich-hätte-nicht-handeln-sollen** stellt keine Lehre dar – es weckt Angst vor der Zukunft, es lähmt.

   Daraufhin fragte ich: »Betrachten Sie ein ›Ich-hätte-nicht-handeln-sollen‹ als eine Lehre, die Ihnen in der Zukunft **weiterhelfen wird?**« Er mußte zugeben, daß das Unsinn war.

   Ich wiederholte die Frage. Nach einigem Nachdenken meinte er: »Ok, ich muß aufhören zu sagen, was alles hätte werden und sein können, wenn dies und jenes anders gelaufen wäre. Und ich sollte mich fragen, wo meine Stärken wirklich liegen.«

Ich schlug vor, den Aufhänger mit dem Assessment-Center für eine weitere Lehre zu nutzen, nämlich: »Warum warten, bis das Leben Ihnen ein Assessment-Center anbietet oder Sie, oft genug, mitten hineinwirft?« Ich meinte: **Schaffen Sie sich doch Ihre Assessment-Center selbst!** Erstens bestimmen Sie dann selbst, welche Ihrer möglichen Fähigkeiten Sie wann (und wie tief) ausloten wollen. Zweitens können Sie auf diese Weise systematisch herausfinden, wozu Sie geeignet sind. Machen Sie sich nicht abhängig davon, was die Umwelt Ihnen bietet, sondern handeln Sie!

1. Selbstbestimmung

2. Eignungen finden

Das gefiel ihm so sehr, daß er seinem *S* einen dritten Faktor hinzufügte, nämlich:

S = Selber handeln ...

Intelligentes Lücken-Management!

Und was würden Sie für das *I* vorschlagen?«, wollte er nun wissen. »*Intelligentes Lücken-Management!*«, sagte ich und erklärte: »Wann immer Sie feststellen, daß etwas fehlt (und das steckt ja hinter dem Begriff ›Fehler‹),
können Sie sich fragen:

1. **Will ich das (Fehlende) unbedingt** haben (erwerben/können/lernen ...)? Lautet die Antwort Nein, so ist der Vorgang erledigt. Bei Ja, fragen Sie weiter:
2. **Was kann ich tun, um es zu erwerben (können/lernen ...)?** Dann unternehmen Sie etwas!«

»Das gefällt mir«, meinte er. »Und was hätten Sie bei *O* gesagt?« – »Bei *O* assoziere ich häufig *Orientierung*. Damit meine ich die alte Frage, ob wir OPFER zu sein glauben oder ob wir uns als handlungsfähige Wesen wahrnehmen.«

So hatte unser Gespräch den zweiten Schritt vollzogen und durch das Weiterdenken waren neue, hilfreichere Gedanken aufgetaucht. Was zu erwarten ist, wenn man ein effizientes Denk-Tool benutzt.

Flexibles Denken F
Intelligentes Lücken-Management: Das Assessment-Center zeigte, wo seine Stärken nicht liegen! Und: Inventur I
Ausgangspunkt: Wo liegen seine Stärken wirklich? A
Spontanität, *Stärken*, *Selbst* herausfinden, wofür man begabt ist! S
Kompetenz? Wo kann jemand mit seinen Stärken effizient und erfolgreich sein? K
Orientierung. O

Nun lud ich ihn noch ein, die Aufforderung von Dr. Christian LUTZ (ehemaligem Direktor des Gottlieb Duttweiler Instituts in der Schweiz) aufzugreifen und sich als Lebens-Unternehmer zu sehen.

Lebens-UnternehmerIn sein

Jeder Mensch ist Führungskraft, wenn er sein eigenes Leben verantwortlich führt. Man **entscheidet** z.B. ob man (beruflich) selbständig sein will, wobei auch »Angestellte« Selbständige sind. Sie entschließen sich nämlich jeden Monat neu, diesem Unternehmen ihre wertvolle Arbeitskraft für einen weiteren Monat zu »vermieten«. Wenn man sich als Lebens-UnternehmerIn sieht, dann gewinnt man Kontrolle (zurück): Angenommen eine Situation am Arbeitsplatz gefällt mir nicht. Ich kann sie als Opfer erleiden oder aber als Lebens-UnternehmerIn jeden Monat neu entscheiden, ob ich mich auf einen weiteren Monat einlassen will. Wenn ja, war es meine eigene Entscheidung. Damit wirkt jede Streß-Situation weit weniger »schlimm« als für jemanden, der sich als Opfer sieht.

Experiment Lärm-Knopf

Der Lärm wurde von Druckern, Faxgeräten u.ä. verursacht, die früher sehr laut waren. Die Teilnehmer mußten Arbeiten mit hoher Konzentration, wie Korrekturlesen, ausführen.

Zwei Gruppen mußten unter enormer **Lärmbelästigung** höchst konzentriert arbeiten; jede hatte einen Lärm-Abschaltknopf. **Gruppe 1** wurde gesagt: Drücken Sie, wann Sie wollen! **Gruppe 2** hingegen wurde gebeten, so lange wie möglich auszuhalten. Nur, wenn es zu schlimm wäre, dürften auch sie drücken.

Allerdings war der Knopf bei Gruppe 2 eine **Attrappe;** er be-WIRKTE nichts. Frage: Wieviele Teilnehmer fanden das heraus? Antwort: Keiner! Jeder wollte durchhalten, während die Leute in der Gruppe 1 innerhalb von wenigen Minuten den Lärm abschalteten, weil er **absolut nicht auszuhalten** sei (nach Martin SELIGMAN*).

Was danach geschah ...

Manchmal werde ich gefragt, wieso ich immer weiß, was sich bei Fallbeispielen (Wochen oder Monate später) ergeben hat, nach dem Motto, es sei doch einigermaßen unwahrscheinlich, daß ich das immer herausfinden könne. So ist die Frage natürlich falsch gestellt, denn ich berichte nur über Fälle, bei denen ich zum Zeitpunkt des Berichtens bereits weiß, wie es weiterging!

---

* vgl. Lit. Verz.: Martin SELIGMAN: *Erlernte Hilflosigkeit*, 2000

Nachdem die Gedanken, die das KaWa© auslöste, diesem Herrn klargemacht hatten, daß er möglicherweise jahrelang das Falsche angestrebt hatte, weil er eigentlich gar kein typisches »Management-Material« sei, entschied er sich, selber herauszufinden, wo seine Talente wirklich lägen. Sie wissen ja: *Suchet und Ihr werdet finden!* Also suchte und fand er bald mehrere Möglichkeiten (eine bei seinem Arbeitsamt, eine weitere sogar in seiner Firma, davon hatte er vorher nichts gewußt).

Dabei zeigte sich: Seine ursprüngliche Einschätzung, er könne am besten spontan reagieren, war korrekt, während er in diesem Unternehmen schon lange frustriert gewesen war, weil dort vieles so lange dauerte und man alles im vorhinein mit fünf Kopien einreichen mußte …

Als sich ihm bald darauf eine Möglichkeit anbot, in der er tatsächlich oft schnell denken und flexibel reagieren mußte, ließ er sich auf eine Probezeit ein, die er nicht nur bestand, sondern die ihm auch ein Gefühl gab, das er mir in einem Fax wie folgt beschrieb:

Hier kann ich mich echt einbringen. Hier kann ich etwas bewirken. Hier weiß man meine Fähigkeiten zu schätzen. All das erwuchs aus einem KaWa© zu *Fiasko*. Nicht schlecht, gell? Noch ein KaWa©-Denk-Beispiel gefällig?

Fallbeispiel Nr. 2: Das liebe GELD …

Es folgt ein Beispiel aus der Seminar-Arbeit. Ich lasse z.B. gerne Begriffe wie *Geld* (oder *Reichtum*) kaWa-en* Dabei tauchen immer wieder spannende Dinge auf. So erwähnte ich z.B. in meinem Taschenbuch *Der Birkenbihl Power-Tag* folgendes KaWa© einer Teilnehmerin:

* Man beachte die Wort-Bildung, von KaWa© abgeleitetes Verb. Damit fingen neue Seminar-TeilnehmerInnen an, es hat sich inzwischen eingebürgert …

Ihre Assoziationen (im Anschluß) ergaben:

Glaube

1. Inwieweit könnte mein GLAUBE, daß ich sowieso nie reich sein werde, etwas mit der ständigen Leere auf meinem Bankkonto zu tun haben?

Energie

2. Vor einigen Monaten habe ich mir ein Buch gekauft: Geld, fließende ENERGIE (von Stuart WILDE), aber ich habe es noch nicht gelesen! Ich werde das jetzt tun!

Loslassen

3. Irgendwie bin ich fast geizig! Ich kann Geld nicht gut LOSLASSEN! Könnte auch das etwas damit zu tun haben? Wenn Geld »fließen« muß ...?

Dilemma

4. DILEMMA. Tja, das ist wirklich eins, das ich lösen sollte! Einerseits möchte ich das Wenige festhalten, andererseits könnte mein Festhalten an dem wenigen, was ich habe, verhindern, daß Geld zu mir hinfließen kann?

Anti-Reichtums-Programme?

Was immer wieder besonders fasziniert, ist die Tatsache, daß Menschen, die glauben, sie hätten gern (viel) mehr Geld, oft regelrechte Anti-Reichtums-Programme in sich tragen. Diese kommen bei normalem Denken in der

Regel nicht »heraus« sondern bleiben hübsch verborgen. Deshalb glauben ja so viele Menschen, sie wären mit mehr Geld glücklicher. Tatsache aber ist, daß KaWa©.s zum Thema *Geld* (oder *Reichtum*) diese verborgenen Programme schnell offenlegen. So auch bei einer Dame (Teilnehmerin eines Workshops 1997), deren Wunsch nach viel Geld durch ihr eigenes KaWa© infrage gestellt wurde. Aber der Reihe nach:

Als erstes bat ich darum, Sätze zu formulieren, die mit dem Ziel zu tun hatten (bei ihr also »viel mehr Geld«). Bitte bedenken Sie, daß die FORM-ulierung solcher Gedanken die FORM Ihres Denkens über ein gewähltes Thema aufzeigen soll.

Dabei schrieb jene Dame u.a., daß man mit Geld Gutes tun könne, daß man anderen helfen könne, daß man selbst innere Sicherheit empfinden würde usw. Also sehr wohlklingende Gedanken, somit hätte ihr KaWa© so ähnlich aussehen können (müssen)?

Tatsache aber ist, daß ihr KaWa© (30 Minuten später) besser zu Aussagen wie diesen gepaßt hätte:
• Geld ist böse,
• Geld bringt Leute dazu, zu lügen und zu betrügen,
• Geld fördert elitäres* Denken,
• Geld macht geizig ...

Es lohnt sich, erst herauszufinden, was Sie wirklich wollen, ehe Sie es heranzuschaffen versuchen.

Dies ist ein typisches Beispiel dafür, daß ein KaWa© (oder auch eine ABC-Liste) unser wahres Denken weit besser aufdeckt, als ganze Sätze. Als sie das sah, war sie selbst bestürzt. Die nachfolgende Diskussion half vielen der TeilnehmerInnen, die Diskrepanzen zwischen ihren Aussagen (in ganzen Sätzen) und den Einzelwörtern (im KaWa©) anders wahrzunehmen. Nämlich statt sich zu fragen, wie man innerlich eine solche »gespaltene Zunge« haben kann (wie einer es nannte), es als faszinierende Möglichkeit zu begreifen, eine Inventur zu machen. Merke:

---

* Bitte bedenken Sie, daß eine **Leistungs-Elite** etwas ganz anderes ist als jene **Reichtums-Pseudo-Elite,** vor der viele Angst haben. Die Amerikaner haben z.B. Elite-Universitäten, die nicht nur um die gescheitesten Studenten buhlen, sondern deren Absolventen landesweit auch sehr viel Geld spenden.

Wenn Sie feststellen, daß ganze Sätze zu einem Thema bei Ihnen andere Schwerpunkte setzen als Einzelwörter (vgl. *Das große Analograffiti-Buch*) in KaWa©.s oder einer ABC-Liste, dann ist es noch zu früh, dieses Ziel konkret anzustreben.

4. Erstellen von Wissens-ABC©.s

Für einfache Probleme

Freiwillige
AUFGABE

Falls Sie über die Frage »Was ist ein Problem?« kurz nachdenken (und ihre Idee notieren wollen), dann möchten Sie vielleicht anschließend mit Merkblatt Nr. 2 Was ist ein Problem? (S. 163) vergleichen?

Natürlich muß »einfach« nicht »leicht« heißen, aber mit der ABC-Methode kann es (mit ein wenig Übung) bald auch wirklich leicht werden.

Lassen Sie uns von »einfachen« Problemen sprechen (auch wenn sie zunächst schwer erscheinen mögen), weil wir allein die Lösung gut finden und praktisch umsetzen. Im Gegensatz zu »komplexen« Problemen, bei denen andere Menschen unsere Lösung akzeptieren und/oder implementieren müssen. Angenommen Sie haben ein »Problem« mit einem Mitarbeiter und angenommen Sie finden einen strategischen Ansatz, der helfen kann, dann ist die Problem-Lösung ja nur der erste Schritt, denn ab jetzt hängt der Erfolg davon ab, ob dieser Mitarbeiter die Lösung gut findet und »mitspielt«.

Vgl. Merkblatt Nr. 1 KaWa©/Analograffiti© (S. 160)

Bei einfachen Problemen sagen viele meiner TeilnehmerInnen zunächst: »Da fällt mir nichts ein!«, bis wir beginnen, eine ABC-Liste zu erstellen – und schon fließen die Gedanken. Warum ist es leichter, eine ABC-Liste zu erstellen, als normal (in ganzen Sätzen) zu denken? Wenn Sie mein *Das große Analograffiti-Buch* kennen, dann kennen Sie die Antwort bereits. Andernfalls finden Sie sie in diesem Buch im Anhang. (Merkblatt Nr. 1.)

Sprechen wir nun davon, wie wir denken wollen.

Das Vorgehen

Schritt 1 — **Das Problem erkennen** (im Zweifelsfalle schriftlich definieren!).

Schritt 2 — **Eine ABC-Liste anlegen!**

Schritt 3 — **Entweder** weiter nachdenken **oder** aus dieser Liste eine Checkliste machen, indem wir sie redaktionell überarbeiten.

Oft führt die redaktionelle Gedankenarbeit dazu, daß wir Teile aus der Liste streichen oder herauslösen (sie anderswo unterbringen, hier aber löschen). Dies ergibt dann eine verkürzte Liste, die hervorragend als Checkliste fungieren kann. Eine Checkliste wiederum eignet sich, um sie später (auch regelmäßig) systematisch abzuarbeiten. Deshalb benutzen sie z.B. Piloten im Cockpit. Eigentlich kennen sie die Routine so gut, daß sie sie im Halbschlaf durchgehen könnten, aber das tun sie nicht. Niemals! Lieber Zeile für Zeile abhaken und später wissen, man hat an alles gedacht.

Ideen-Findungs-Probleme

Diese Strategie eignet sich optimal für alle Situationen, in denen wir Daten, Fakten oder Ideen suchen, bzw. in denen wir Tätigkeiten auflisten wollen, als Vorbereitung für ein größeres Projekt:*

- Wir benötigen Daten, Fakten, Ideen für einen Text, den wir schreiben »müssen«: von einem wichtigen Brief (beruflich wie privat) über einen Artikel oder einen internen Firmenbericht bis hin zu einem Buch ...
- Wir stehen in der Vorbereitung einer komplexen oder unangenehmen Tätigkeit, bei der Gefahr besteht, daß wir Wichtiges vergessen könnten (vom Frühjahrsputz über Urlaubsreise bis zum Umzug).

Wenn Sie aktiv mitdenken wollen, möchten Sie vielleicht jetzt gleich eine ABC-Liste zu möglichen Themenkreisen erstellen, ehe Sie nachsehen, wie so einen Liste aussehen könnte .

Vgl. Merkblatt Nr. 3 Die Liste der Listen©, S. 165

* Im Übrigen ist das Erarbeiten eigener Listen und das Arbeiten mit diesen im Sinne von Lernen, Lehren, Informieren etc. das Thema meines Buches *Das innere Archiv*©, 2006

Fallbeispiel 3: Ein Vortragsthema wählen

Es gibt ein besonderes jährliches »Happening«, und zwar einen Vortrag an der TU München (seit 25 Jahren). Früher referierte ich über die Themen aus den Management-Seminaren, aber nach einigen Jahren mit einer stetig steigenden Zahl von »Stammhörern« begann ich, dieses Forum mit inzwischen Hunderten von Hörern für **neue** Themen (so genannten Jungfernvorträge) zu nutzen. So beweise ich die Lieblingsthese meines Vaters (vgl. Rand) mit sog. schweren (angeblich trockenen) Themen, die ich gehirn-gerecht aufbereite (vgl. Mitschnitte »Q-Physik« und »Komplexitäts-Theorie«). Oder aber ich stelle meinen Insidern neue Themen der folgenden Seminar-Saison vorab vor (vgl. »Viren des Geistes« und »Humor«).**

Es gibt keine trockenen Themen, nur trockene Theoretiker*, als da sind:
- Professoren,
- Dozenten,
- Lehrer,
- Chefs,
- Kundenberater und
- Eltern.

(Michael BIRKENBIHL).

Nachdem ich mich immer mit einer Reihe von faszinierenden Themen **gleichzeitig** befasse, lautet das jährliche Problem: Herausfinden, welches dieser Themen für einen Erstvortrag im November infrage kommt. Die Entscheidung muß spätestens Ende April getroffen werden, damit der Vortrag offiziell angekündigt werden kann.

Die berühmt-berüchtigten 90 Sekunden ... (vgl. die 90-Sekunden-Kreativitäts-Technik in meinem Buch *Stroh im Kopf?*, ab 36. Auflage). Hier zeige ich, daß die ersten 90 Sekunden die ergiebigsten sind. Deshalb ist diese Zeitspanne für den Kurz-Check weit besser geeignet als 20 Minuten Bleistiftkauen ...

Nun, dieses PROBLEM löse ich, indem ich zu den Themen, die derzeit infrage kommen, eine schnelle ABC-Liste erstelle (auswendig, natürlich). Die Liste mit den meisten Begriffen innerhalb meiner berühmten 90 Sekunden (vgl. Randspalte) ist in der Regel ein klarer Indikator. Hier äußert sich oft das Unbewußte, denn ich bin nicht selten erstaunt, daß ich zu **diesem** Thema schon so viele Infos besitze, oft weit mehr als ich dachte, während ich einem anderen Thema eine höhere Wahrscheinlichkeit zugetraut hätte. Es folgt die spontane Liste, mit der ich mich im Jahr 1998 entschied, eine gehirn-gerechte Einführung in die Komplexitäts-Theorie zu geben:

---

* siehe www.birkenbihl.de/›Schublade‹ VFB

** Leute, die behaupten, ihr Thema sei leider trocken.

1. A	Attraktor	**15. O**	Ordnung vs. Zufall/Chaos
2. B	Bedeutg. (der log. Tiefe)	**16. P**	Probleme vs. Predikamente
3. C	Chaos	**17. Q**	Q. ???????????????
4. D	Denken (z.B. Schwarmdenken)	**18. R**	Rand/Ordnung (vs.R./Chaos)
5. E	Emergenz	**19. S**	Schmetterlings-Effekt (LORENTZ)
6. F	fraktale Mathematik	**20. T**	Tiefe (via Exfo/ NØRRETRANDERS)
7. G	Gleichgewicht (fern von)	**21. U**	Unordnung
8. H	Hubermann/Hogg. (O-K-C)	**22. V**	V A N T S
9. I	Intelligenz	**23. W**	Wellen & Wolken …
10. J	J. ???????????????	**24. X**	x (Bild: Ver-NETZ-ung)
11. K	Kreativität	**25. Y**	Y
12. L	Leben/Lernen	**26. Z**	Zufall (i. Sinne v. »randomness«)
13. M	Menschen=komplex		
14. N	Nachr.Wert: Arb/Senders (Bennet)		

Da es wesentlich leichter ist, Dinge, Personen oder Informationen (wieder) zu ERKENNEN, als sie (aktiv) zu GENERIEREN (= erzeugen), können wir unseren Mitmenschen (Familienmitgliedern, FreundInnen, MitarbeiterInnen, SchülerInnen, StudentInnen) etc. mit ABC-Listen **denken helfen**. Dabei ist insbesondere eine Starter-Liste hilfreich, die pro Buchstaben nur **ein** Beispiel anbietet, wie wir gleich sehen werden.

Unseren Mitmenschen mit ABC-Listen denken helfen? – Ja.

1. AstronautIn
2. Bauchtänzerin
3. ChirurgIn
4. DetektivIn
5. ElektrikerIn
6. FlötenspielerIn
7. GärtnerIn
8. HutmacherIn
9. Info-BrokerIn
10. JournalistIn
11. KindergärtnerIn
12. LiedermacherIn
13. MathematikerIn
14. NeurophysiologIn
15. OpernsängerIn
16. Popstar
17. Q-PhysikerIn
18. Rabbiner
19. SenatorIn
20. TaxifahrerIn
21. UhrmacherIn
22. VeterinärIn
23. Wetterfrosch
24. XylographIn
25. YachtbauerIn
26. ZoodirektorIn

Fallbeispiel 4: Einen Berufswunsch generieren

Ein Teil des Problems für Jugendliche, Lehrstellen zu finden, beruht darauf, daß 80 % aller jungen Leute in ca. 15–17 Modeberufe drängen wollen, während in vielen Branchen Ladenbesitzer, Handwerker und Mittelständler händeringend Auszubildende suchen.

Hier kann es sehr hilfreich sein, eine Starter-ABC-Liste zu möglichen Berufen zu erstellen und den betroffenen jungen Leuten zu geben. Nun sollen sie diese einen Monat lang ständig griffbereit halten (bzw. Notizen auf Schmierzetteln abends in die Liste integrieren). So kann man beim Fernsehen oder bei Gesprächen, wann immer ein Beruf erwähnt wird oder eine Bemerkung, die eine Assoziation an einen Beruf auslöst, diesen sofort notieren, so daß die Liste innerhalb einiger Wochen wunderbar wächst. Bitte beachten Sie dabei:

1. Weil das Unbewußte der Jugendlichen »angezapft« werden soll, kann man ihnen keine fertige Liste geben. Sie selbst sollen
   a) die Frage ständig im »Hinterkopf herumtragen«, weil eben dies ihre Wahrnehmung verändert. Und sie sollen
   b) durch die Aktivität des Aufschreibens **selber handeln**. Sie wissen ja: Man kann ein Pferd zum Wasser führen ... So auch hier: Man kann Menschen zum Denken hinführen, aber letztlich müssen Sie gewisse Einsichten selber gewinnen!

2. Die Erfahrung hat gezeigt, daß Listen mit nur einem einzigen Eintrag pro Buchstaben sich am besten bewährt haben, denn:
   - Eine ganz leere Liste resultiert zu oft in einem: »Mir fällt da leider gaaaaaaar nichts ein«,
   - eine übervolle (fertige) Liste verhindert eigene Assoziationen des Betroffenen (s. Punkt 1), aber eine solche

- Starter-Liste mit nur einem Beispiel pro Zeile »beweist« einerseits, daß es (zu jedem Buchstaben) sehr wohl konkrete Möglichkeiten gibt, während sie andererseits das Weiterdenken geradezu herausfordert (s. Randspalte).

Den meisten Menschen fällt bereits beim ersten Durchlesen bei mindestens drei Buchstaben ein weiterer Beruf ein …

Sie sehen also, inwieweit zunächst so einfach erscheinende ABC-Listen uns helfen können zu denken. Und dies ist nur der Anfang, wir haben ja mit den »leichten« Problemen begonnen, nicht wahr?

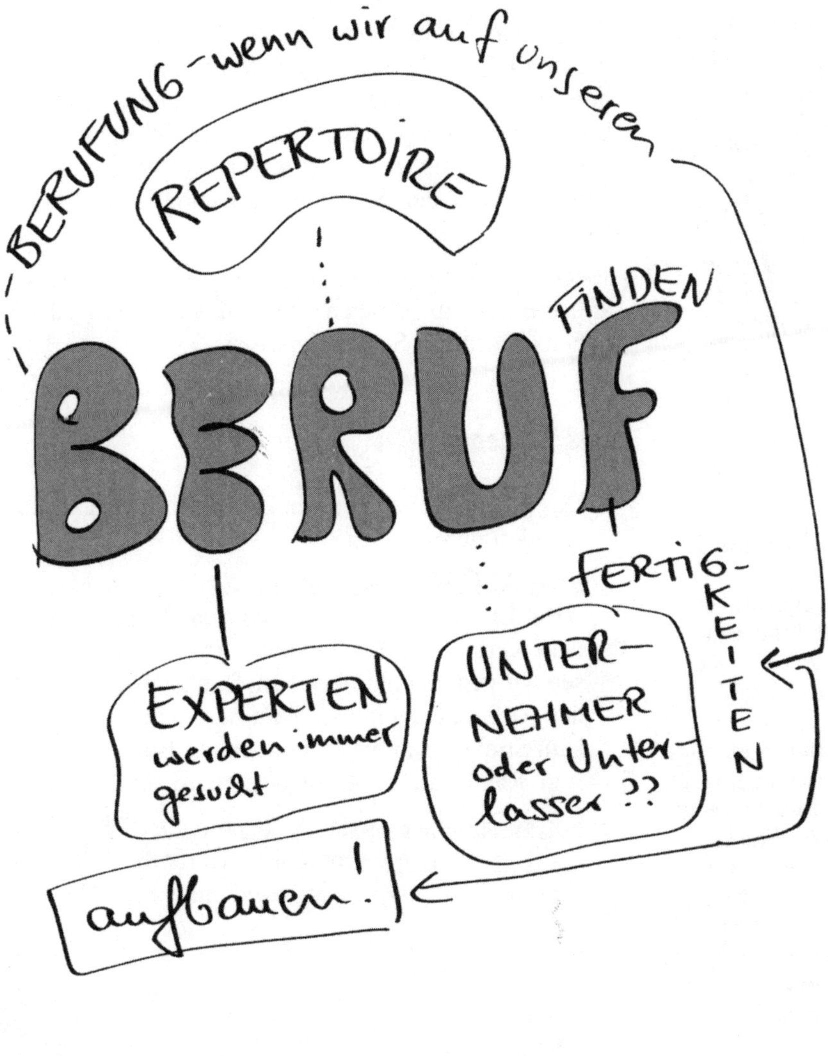

5. ABC-Kreativ©

Das Konsultieren von Listen

In diesem Modul lernen wir das Kernstück von ABC-Kreativ©, das Benutzen vorhandener Listen, näher kennen. Wir können konsultieren:
• Listen, die wir selbst erstellen, aber auch
• Listen, die andere uns anbieten, ja sogar
• Listen, die wir überhaupt nicht besitzen.

BUCHSTABEN-LOTTO: Kleine Plastik-Kügelchen (von A–Z beschriftet) können in einem Säckchen aufbewahrt werden. Bei Bedarf zieht man eine Kugel. Diese Art von »Buchstaben-Lotto« findet den Buchstaben.

So werden Sie in diesem Buch Fälle kennenlernen, bei denen z.B. eine Person in der Hotline ein Problem schildert und wir gemeinsam eine Liste befragen, die entweder bei meinem Fragesteller oder aber in meinem Büro »zufällig herumliegt« (sogar unfertige Listen können uns helfen, sofern der gesuchte Buchstabe bereits bestückt ist).

Jedenfalls geht es immer darum, eine ABC-Liste zu konsultieren (zu befragen)! Wollen wir zunächst das Vorgehen (Schritt für Schritt) ansehen.

Das Vorgehen

Schritt 1

1: Das Problem erkennen (im Zweifelsfalle sogar schriftlich definieren!).

Schritt 2

Im **statistischen** Schnitt befragen wir 2 bis 3 Listen, d.h. manchmal klickt es es bei der ersten, manchmal erst bei der fünften Liste. Dies ist insbesondere bei den ersten Versuchen wichtig zu wissen; da brauchen wir eher mehr als weniger Versuche, solange uns diese Art zu denken noch neu ist.

2: Eine ABC-Liste konsultieren (befragen). Man kann ABC-Listen z.B. auf Streifen von Papier (oder dünnem Karton, vgl. Karteikarten) griffbereit halten. Wissen wir genau, unter welchem Buchstaben wir nachsehen wollen, dann konsultieren wir die Liste. Falls sich kein Stichwort anbietet, können wir Buchstaben-Lotto (vgl. Randspalte) oder sogar Listen-Lotto spielen.

3: Sofort spontane erste Assoziationen (90 Sekunden lang) produzieren. Optimal ist es (halb-)laut zu sprechen sowie Ihre Worte aufzuzeichnen.

Schritt 3

Bitte denken Sie an das erste Tool, das zu dieser Technik geführt hat. Wenn wir das, was wir frei assoziieren, gleichzeitig akustisch aufzeichnen, dann brauchen wir

- weder unseren assoziativen Fluß zu verlangsamen (keine Zeit zum Schreiben notwendig),
- noch müssen wir bangen, auch nur eine einzige unserer wertvollen Assoziationen zu verlieren.

Schritt 4

4: Jede dieser Assoziation einzeln durchdenken, um zu sehen, welche der neuen Ver-BIND-ungen besonders hilfreich sein können, indem sie interessante neue Ideen in Ihnen auslösen.

Schritt 5

5: Zurück zu SCHRITT 2 (mit einer weiteren Liste), falls nötig.

Natürlich beschreiben diese fünf Schritte das allgemeine Schema, das im **Einzelfall** durchbrochen werden kann. Manchmal fällt einem die rettende Idee sofort ein, kaum daß das Auge auf den Begriff in der ersten ABC-Liste gefallen ist, so daß schon die Schritte 3 bis 5 wegfallen. Manchmal durchläuft man den ganzen Zyklus mehrmals, weil es erst beim dritten oder vierten Durchgang »klickt«. Anfangs kann es etwas länger dauern; Sie wissen ja:

LISTEN-LOTTO: Ein ähnlich »blinder« Griff wie beim Buchstabenlotto (siehe S. 48) ist möglich, wenn mehrere Listen zur Auswahl stehen. Dann kann ein »blinder Griff« die Liste wählen, in der wir heute nachsehen wollen. So entscheidet der berühmte »Zufall«, was uns heute gefällt ...

Aller Anfang ist schwer. Aber es ist NUR der Anfang, der uns besonders schwerfällt ...

Unlösbare Probleme?

Natürlich gibt es auch Probleme, die völlig unlösbar sind. Aber oft erscheinen uns Probleme unlösbar, bis wir mit der ABC-Kreativ-Methode doch einen Lösungsansatz finden – sehr zu unserem Erstaunen. (Dieses Buch wird Ihnen einige solcher Beispiele vorstellen.)

Hier müssen uns manchmal andere auf die Sprünge helfen – deshalb sucht man dann einen Berater (Coach) auf. Das kann natürlich auch ein/e gute/r Freund/in sein ...

Es kann auch passieren, daß ein Problem (meist eines, über das wir uns schon lange den Kopf zerbrochen haben), uns dermaßen unlösbar erscheint, daß wir eine Lösung gar **nicht zulassen können,** selbst wenn sie uns ins Gesicht springen würde.

Jedenfalls bietet es sich immer an, wenn wir glauben, ein unlösbares Problem vor uns zu haben, zuerst einen ABC-Kreativ-Ansatz (optimal mit einer zweiten Person) zu versuchen, ehe wir ganz aufgeben. Denn ein/e Unbeteiligte/r kann uns oft enorm helfen, selbstauferlegte Grenzen zu sprengen. Deshalb berichten viele Menschen von hilfreichen Gesprächen, sogar mit völlig Fremden in einer Bar oder einem Zugabteil, wo man »halt zufällig ins Gespräch kam« und auf einmal von seinem »unlösbaren« Problem erzählte ...

Mein Lieblingssatz aus *Die Möwe Jonathan* ist Jonathans Ausspruch:

Glaube an **Grenzen** und sie gehören dir!

Also: Wiewohl es auch unlösbare Probleme gibt, sind in der Regel viele Probleme doch lösbar, die uns zunächst unlösbar erschienen. In diesem Buch finden Sie natürlich auch solche Beispiele!

Problem-Kategorien?

Ich möchte keinesfalls den Fehler machen, alle Probleme dieser Welt in irgendwelche endgültigen Kategorien einteilen zu wollen, sondern ich möchte Sie ermutigen:

a) eigene Kategorien zu erfinden, und
b) jedes Problem einer dieser Kategorien zuzuordnen, bevor Sie die Lösung angehen.

Fühlen Sie sich **frei,** völlig andere Kategorien zu wählen, dies ist nur ein Beispiel

So unterteile **ich** (wie bereits angedeutet) oft in folgende drei Haupt-Kategorien:

- Solo-Probleme (= Probleme, die ich ganz **alleine** lösen kann, z.B. Ideenfindung für ein Projekt) und
- Probleme, bei denen **andere** die Lösung gut finden müssen (z.B. Chefs, Kunden, Familien-Mitglieder) und
- Probleme, bei denen ich davon **abhängig** bin, daß Dritte die Lösung (gut oder richtig) ausführen (z.B. MitarbeiterInnen, Kinder, KollegInnen).

Wenn wir nämlich vergessen, daß andere unsere Lösung akzeptieren oder implementieren müssen, besteht eine große Gefahr, über die meine Seminar-TeilnehmerInnen regelmäßig sprechen: Sie in ihrer Rolle als Führungskraft (GruppenleiterIn, Kollege, Kollegin, Elternteil) hätten ein

Problem hervorragend »gelöst«, aber andere würden sich weigern, diese Lösung zu akzeptieren bzw. zu realisieren. Merke:

Eine Lösungs-Möglichkeit, die andere Personen akzeptieren müssen, kann nur zu einer echten Lösung werden, wenn diese anderen »mitspielen«.

Das wissen leider unzählige Eltern, Lehrern, Chefs, Kundenberater etc. noch nicht ...

Beginnen wir mit dem praktischen Problem einer Freundin, das wir gemeinsam (am Telefon) besprachen.

Fallbeispiel Nr. 5: Eine spezifische Verhaltensveränderung im Alltag

Es handelt sich um eine angestrebte Verhaltens-Veränderung, die ihr ständig »daneben ging«, weil sie immer wieder in ihr altes Verhalten »fiel«. Sie sagte: »Ich weiß, wie schlimm es ist, ich habe ja selbst als Kind darunter gelitten, und doch passiert es mir immer wieder. Die Einsicht ist vorhanden, intellektuell, gleichzeitig aber scheint es alte Mechanismen zu geben, in die ich ständig wieder hineinfalle!«

Sie hatte sich nämlich schon oft vorgenommen, andere Menschen nicht ständig zu be- oder verurteilen (also zu kritisieren), aber es passierte ihr dann doch immer wieder. An einem Punkt in diesem Gespräch meinte sie, vielleicht komme es doch nicht von ungefähr, daß sie Lehrerin geworden war; ein Beruf in dem man Aufgaben »korrigieren« muß (wobei viel zu viele Lehrkräfte die Grenze zwischen Korrektur und **Kritik** nicht kennen; natürlich gilt das für Führungskräfte und Eltern ebenso!).

Bei einer **Kritik** sollte es rein theoretisch zwar auch um die Sache gehen, doch in fast allen Fällen wird die Kritik übel genommen, und daher geht es letztlich meistens doch um die (kritisierte) Person, wobei diese Grenze oft nebulös ist.

Bei einer Korrektur teile ich neutral mit, daß etwas sachlich falsch ist (z.B. daß ein Komma fehlt). So spricht man ja auch vom »Korrektur-«, nicht aber vom »Kritiklesen«. Bei einer Korrektur geht es wirklich nur um die Sache, und zwar in einer Angelegenheit, in der wir um

Rat gebeten worden waren. Das heißt, der andere erwartet unsere Korrektur*.

Stellen wir uns vor, ein Meister (an der Drehbank) soll einem Lehrling (Auszubildenden) sagen, inwieweit das produzierte Werkstück ok sei. Wenn er die gut gearbeiteten Stellen bespricht und dann auf die zu verbessernden hinweist, und auch erklärt, warum hier korrigiert werden muß, kann der junge Mensch damit in der Regel gut klarkommen.

Oft aber fügen »korrigierende« Menschen dem zu korrigierenden Werk ihre eigenen Ideen hinzu, ohne zu ahnen, daß dies den Charakter der Korrektur in eine **Kritik** umwandelt. Denn die eigenen Ideen des Kritisierenden implizieren, daß das Werk jetzt, durch diese Ideen, besser geworden ist (sonst hätte der Kritiker ja nichts gesagt). Aber damit zeigt er auch, daß er das Werk vor seiner Kritik anscheinend weniger gut fand. Das Schlimme daran ist: Wenn Sie irgendein Werk (vom Käsekuchen über einen Aufsatz bis zu einem Roman-Manuskript) 100 Personen zum Begutachten geben, dann werden fast alle diese Leute irgendwelche Assoziationen entwickeln, die das Werk angeblich bereichern würden. Dabei wird aber gerne vergessen, daß die erste Person andere Erfahrungen als jene 100 Leute hatte und daß ihr Werk deshalb nicht schlechter ist, weil es die Ideen von Herrn Müller und Frau Meier nicht enthielt! Leider neigt man dazu, solche Assoziationen anderen in Form einer **»Korrektur«** unterzujubeln.

95 % der Menschen empfinden diese (indirekte) **Kritik** sehr deutlich (wie Studien immer wieder gezeigt haben).

All das hatte meine Freundin schon lange eingesehen, aber trotzdem fiel sie immer wieder in ihre »Rotstift-Rolle« und deshalb meinte sie, das sei ein hervorragendes Fallbeispiel für ein **bisher nicht gelöstes Problem in ihrem Leben** (vgl. Quizfrage 1, Seite 9). Nun wollte sie

Dies geschieht oft unter dem Mäntelchen des: »Ich will dir ja nur helfen!«, wiewohl der andere uns um diese Hilfe überhaupt nicht gebeten hatte ...

* Ich fände es großartig, wenn LehrerInnen begreifen könnten, daß Kritik der härteste Lernweg ist, insbesondere für Kinder unter 12 Jahren. Ab ca. 12 wissen sie schon einiges, so daß kritische Bemerkungen vom Inhalt her erfaßt und ins Wissens-Netz© (siehe Merkblatt Nr. 4, S. 170) »gehängt« werden können. Aber für die meisten acht- oder neunjährigen Gehirne ist Kritik reines Gift! Da könnten wir fast Arsen verteilen ...

dieses Problem im Sinne der Denk-Technik ABC-Kreativ© am Telefon mit mir besprechen. »Also gut«, sagte ich, »fangen wir an.«

5 Schritte (S. 53–56)

1: Das Problem erkennen (im Zweifelsfalle sogar schriftlich definieren!) »Ich will nicht mehr verurteilen«, sagte sie. Auf meine Frage: »Nie mehr?«, meinte sie lachend: »Wenn ich mir als Ziel vornehme, es nie mehr zu tun, werden sicher einige Situationen übrigbleiben, aber rein theoretisch lautet das Ziel: niemanden verurteilen.«

2: Eine ABC-Liste befragen. Nun fragte ich sie, welche ABC-Liste sie konsultieren wolle. »Da ich so viel urteile (manchmal verurteile ich, manchmal beurteile und benote ich), sollte der Buchstabe das *U* sein. Und als Liste nehme ich meine Baum-Liste.« Sie sah nach und stieß auf die ULME.

3: Sofort spontane erste Assoziationen (90 Sekunden) produzieren. Ihre ersten spontanen Assoziationen lauteten

1. Apfelbaum
2. Birnbaum
3. »Christbaum«
4. Dattelpalme
5. Erle
6. Fichte
7. Ginkgobaum
8. Holunder
9. Iroko
10. Johannisbrotbaum
11. Kiefer
12. Lärche
13. Magnolie
14. Nussbaum
15. Olivenbaum
16. Pappel
17. Quittenbaum
18. Rosskastanie
19. Stechpalme
20. Trauerweide
21. Ulme
22. Vogelbeerbaum
23. Wacholder
24. X
25. Y
26. Zwetschgenbaum

1. stark

2. außergewöhnlich

3. kugelrund

4. harmonisch

5. Herz-Blätter

6. saftig grün/gesund/vital

7. Schattenspender

8. in-sich-ruhend/authentisch

4: Jede dieser (hier acht) **Assoziationen einzeln durchdenken,** um zu sehen, welche der neuen

Ver-BIND-ungen besonders hilfreich sein können. Dieser Schritt entspricht einigen neuen Assoziationsketten, nämlich zu **jedem** der Begriffe. Nun kann man sich so viel Zeit lassen, wie man will, und auch in die Tiefe gehen ... Es folgen ihre Gedanken:

1. **stark** – meckern und kritisieren ist leicht, das kann jeder. Das merken wir daran, daß es uns auch gelingt, wenn wir müde, gestreßt etc. sind. Stark wäre es, nicht zu urteilen, was sich daran zeigen würde, daß man eben nicht meckert ...
2. **außergewöhnlich** heißt »nicht normal«, »unnormal«, »anders als die anderen«. Die meisten Menschen urteilen viel und oft vorschnell. Nicht zu urteilen wäre also echt außergewöhnlich.
3. **kugelrund** – Eine runde Sache ... Gegenteil: eckig. Ecke ... hmmm ah ja, anecken. Wenn ich kritisiere, ecke ich an! Genau. Ich will aber nicht anecken.

4. **harmonisch** – ich suche Harmonie. Das ist mir sehr wichtig. Und wenn ich jemanden verurteile, gebe ich mich besser als er oder sie, das ist nicht gerade harmonisch, oder?
5. **Herz-Blätter** – natürlich! Es geht doch um die Herzens-Beziehung, die ich mit Verurteilen verletze ... Klar doch!
6. **saftig grün/gesund/vital** – auch klar. Verurteilen ist ungesund. Weder kann der andere wachsen und sich optimal entfalten noch wachse ich selbst seelisch, wenn ich mich zum Maßstab für alle mache, statt ihn mit **seinen** Augen zu sehen versuche ... Ja, ja ...
7. **Schattenspender** – das gibt Sinn, ja! Wenn die lebensspendende Sonne zu heiß wird, muß man Schatten spenden. Es ist rar, daß wir uns von anderen wirklich angenommen und akzeptiert fühlen, meist verbrennen wir unter der vielen Kritik anderer... Hmm, also ich möchte ulmenhaft und schattenspendend sein.
8. **in-sich-ruhend/authentisch** – Auch klar. Die Ulme ruht in sich und das möchte ich auch ...

Nun fügte sie hinzu:

»Also, die ULME ist ein wunderschönes Symbol, das alles enthält, was ich brauche, um nicht nur intellektuell sondern auch gefühlsmäßig einzusehen, daß ich nicht urteilen will. Nur, wie schaffe ich es jetzt, öfter an die Ulme zu denken?« Darüber sprachen wir noch ein wenig und dabei kristallisierten sich 3 Ideen heraus:

1. Sie wird mehrmals am Tag eine Ulme zeichnen/malen (sie zeichnet gut und gern) und wird sich durch dieses mehrmalige Ulmen-Zeichnen am Tag (immer schnell mal zwischendurch 90 Sekunden) regelmäßig daran erinnern, was ihr die Ulme »sagen will«.

   Bei einer anderen Person könnte diese Strategie lauten, mehrmals am Tag auf irgendwelche Zettel oder Kärtchen zu schreiben: »Ich bin wie die Ulme« oder »Ich denke an die Ulme« oder nur das Wort »Ulme«.

Bei einer dritten Person wäre es vielleicht besser, das Foto einer Ulme jeweils 30 Sekunden lang (meditativ) zu betrachten. Sie sehen, nicht das Zeichnen oder Schreiben ist ausschlaggebend, sondern das bewußte Denken an die Ulme.

2. Zusätzlich (zu 1) wird sie Ulmen-Bildchen an diversen Stellen anbringen, auf die ihr Auge häufig fallen wird (insbesondere auch in Situationen, in denen sie kritisch reagieren könnte), z.B. auf den Aktenkoffer (außen, am Griff, in den Aktenkofferdeckel), auf die Hülle ihres Handy (oder »Natel«, wie man in der Schweiz sagt), auf ihren Terminkalender etc. So wird sie immer wieder an ihr Vorhaben erinnert.

   Bitte **unterscheiden** Sie die beiden strategischen Ansätze; bei 1 wird sie sich mehrmals pro Tag kurz damit bewußt befassen, bei 2 wird sie mehrmals am Tag an die Ulme erinnert, wenn ihr Auge zufällig auf eines der Bildchen fällt.

3. Sie wird einige Personen (in der Familie, gute Freunde) bitten, ihr zu helfen, indem diese Personen sofort reagieren, wenn sie in ihr altes Verhalten fällt. Diese Menschen werden sie dann fragen, wie es ihrer Ulme ginge. Diese Frage kann man ihr unauffällig (auch in Anwesenheit Dritter) stellen, da ja nur Eingeweihte Bescheid wissen.

5 zu 2 (falls nötig). Dieser Schritt war in unserem Fall am Telefon gar nicht mehr nötig. Sie hatte beim **ersten** Durchgang eine Lösung gefunden und sie hat sie selbst gefunden! **Allerdings** kannte sie die Technik bereits, deshalb meine Warnung: Bei Ihren allerersten Malen geht es vielleicht noch nicht so glatt!

Im Gegensatz dazu geschah das nächste Fallbeispiel vor vielen Jahren, daher weiß ich auch, wie es sich bewährte. Es demonstriert die »klassische« Situation, in der wir eine kreative Lösung für ein Problem im Alltag suchen.

Wir suchen eine Idee …

Der betroffene Leser meines Coaching-Briefes hatte sich durch die Aufgaben im Brief schon eine Weile mit dem Thema Wissens-ABC© befaßt, er hatte auch schon eine Reihe von Listen erstellt und begonnen, im Alltag damit umzugehen, als er mit folgender Situation konfrontiert wurde (die ich übrigens zuerst im Brief selbst veröffentlichte).

Fallbeispiel Nr. 6: In 3 Minuten präsentieren müssen

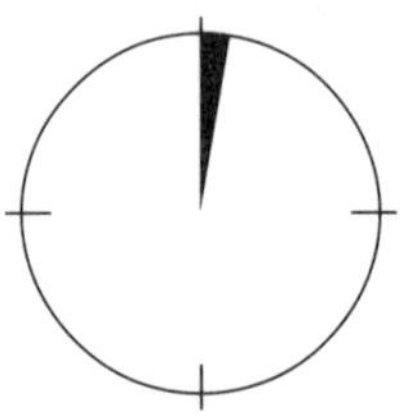

Dieser Herr mußte ganz schnell eine Präsentation vor einer Kundengruppe vorbereiten, weil sein Chef, der diese Aufgabe eigentlich an sich gerissen hatte, mal wieder »auswärts« war. Er erfuhr per Telefon, die Kunden (die bereits eingetroffen waren!) wollten etwas zum Schwerpunkt seines Hauses (Interferenzstrom-Therapie) hören, sowie daß ihm knapp drei Minuten Vorbereitungszeit blieben, bis man die Gäste von der Lobby in den Konferenzraum gebracht hätte. Nun hatte er zu wichtigen Themen seines Lebens Wissens-ABC-Listen angelegt und kann auf diese natürlich, wenn es brennt, aktiv zugreifen. Er berichtete:

> Ich hatte mir u.a. berufsbezogene ABC-Listen zusammengestellt, darunter eine mit technischen Begriffen und eine mit medizinischen Konzepten zu unseren Physio-Therapie-Geräten.

Natürlich besaß er auch die Basis-Liste, die wir als Anker-Liste bezeichnen, eine Art besonderer Peg-Liste, an der wir allerlei Wissenswertes »aufhängen« können (wie an einem »peg« = Haken). Sie finden sie im Merkblatt Nr. 5 Die Ankerliste (S. 172).

Ich hatte Ihre Buchstaben-Lotto-Idee (vgl. S. 44) aufgegriffen und trage deshalb ständig einen Satz der Kügelchen mit mir herum. Ich besitze inzwischen mehrere Sätze.

Nun zog ich das »H«. Daraufhin konsultierte ich folgende fünf Listen:

1. Anker-Liste (Basis-Liste für das Innere Archiv)
2. Tier-Liste
3. Berufe-Liste
4. Geräte-Liste (aus unserer hauseigenen Produktion; auch solche, die wir nicht mehr aktiv führen, also ausgelaufene Modelle)
5. Liste möglicher Probleme in der täglichen Praxis (Ärzte und Krankenhäuser)

Tier-Liste

1. **A**dler
2. **B**är
3. **C**hamäleon
4. **D**elphin
5. **E**sel
6. **F**rosch
7. **G**ans
8. **H**und
9. **I**gel
10. **J**aguar
11. **K**aninchen
12. **L**öwe
13. **M**öwe
14. **N**ilpferd
15. **O**hrwurm
16. **P**avian
17. **Q**ualle
18. **R**atte
19. **S**chlange
20. **T**aube
21. **U**hu
22. **V**ogelspinne
23. **W**indhund
24. e**X**tinkt: Dino
25. **Y**ak
26. **Z**ebra

Daraus ergab sich, als er seine diversen Listen der Reihe nach »befragte«:

ANKER	TIERE	BERUFE	GERÄTE	mögl. PROBLEM
H = Hut	H = Hase	H = Handwerker	H = H-28	H = Hämatom

Hut: Hutmacher-Irrsinn, ausgelöst durch mangelnde Kenntnis, gibt es heute nicht mehr!

Hase: Angst – früher hatten viele Patienten zurecht Angst vor der Behandlung (vgl. H-28), heute gibt es die Auslöser ebensowenig wie den Hutmacher-Irrsinn!

Eine spätere Re-Konstruktion seiner damaligen Assoziationen ergab einen roten Faden für seine Präsentation.

H-28: Ein früheres Gerät mit zwei Elektroden, bei welchem die Probleme ausgelöst wurden, die bei manchen Patienten zu Angst geführt hatten ...

Hautverätzungen treten bei Interferenzstrom so gut wie nicht mehr auf, weil der therapeutisch wirksame Strom hier endogen erzeugt wird, wodurch der Hautwiderstand auf der Haut nicht mehr aktiviert wird.

Er berichtete weiter:

Meine Gedankenkette lief extrem schnell ab, aber wenn ich versuche, sie jetzt nachzuempfinden, so kann ich feststellen, daß ich spontan von fünf nebeneinanderliegenden Begriffen in meiner Matrix **vier** verbinden konnte, woraus sich de facto von alleine sofort der rote Faden für mein Kurz-Referat ergab. Das war **innerhalb** der von Ihnen immer wieder zitierten **90 Sekunden** Bedenkzeit. Es ist unglaublich!

Außerdem strömte eine solche **Flut von Assoziationen** auf mich ein (z.B. wie schwierig es früher war, welche Vorteile wir mit dem neuen Ansatz heute haben, welche wissenschaftlichen Studien dies nachgewiesen hatten), daß ich mein Wissen total »parat« und »griffbereit« hatte. Also hielt ich nicht nur ein hervorragendes Referat, ich konnte auch die nachfolgenden Fragen sicher und locker beantworten.

Geniale Leute (von da VINCI über EINSTEIN) haben immer viel gewußt. Daher gilt: Diese Denk-Technik »holt« bei Bedarf das aus Ihrem Umbewußten »heraus«, von dem Sie gar nicht mehr wußten, daß Sie es wußten ...

Wenn wir mehrere Listen gleichzeitig konsultieren, dann können wir immer mindestens zwei, oft aber auch mehr Begriffe sinnvoll miteinander ver-BIND-en und schon »fallen« uns unglaublich viele Gedanken »ein«. Genaugenommen können wir auch sagen, diese Ideen fallen uns zu, so gesehen ist es eben doch der Zu-Fall, der zu unserem Erfolg führt. Und: Je mehr man weiß, desto mehr kann uns auch zufallen.

Fallbeispiel Nr. 7: Kunde kommt in 2 Stunden ... Oder ENTE & ELEKTRIKER??

Einer meiner Seminar-Teilnehmer,* ein **Werbefachmann,** vom Typ her einer derjenigen, die eher langsam und bedächtig arbeiten und denken. Menschen wie er beginnen lange vor einem Stichtag (Prüfung, Vortrag, Messe, Familienfeier, Kunden-Präsentation) mit den Vorbereitungen.

Einer seiner Kollegen gehört jedoch zu denen, die immer erst auf den letzten Drücker aktiv werden. Dieser junge Mann hätte eine Kundenpräsentation vorbereiten sollen, wurde aber kurzfristig krank. Nun bat man meinen Teilnehmer einzuspringen.

In zwei Stunden sollte die Präsentation (es geht um ein Entspannungsgerät) mit dem Kunden stattfinden, aber es ist nichts fertig. Unser Mann hat eine totale Denkblockade. Sie können das sicher gut nachvollziehen.

Er war allerdings zuvor im Seminar gewesen und hatte mein Taschenbuch *Stroh im Kopf?* (als Seminarunterlage) erhalten. Im Seminar hatte er die ABC-Kreativ©-Technik kennengelernt, jedoch zunächst für nicht sehr erfolgsträchtig gehalten. Klar, als langsamer Denker, der sich Wochen oder Tage an eine Sache herantastet, muß ihm die Idee, (mit etwas Glück) in einer Sitzung auf eine Lösung kommen zu können, völlig unsinnig erscheinen.

Später berichtete er mir, daß in dieser beruflichen Notlage sein Blick auf das neue *Stroh im Kopf?* fiel und dann ...

> ... hörte ich plötzlich Ihre Worte. Sie hatten gefordert, man solle jeder Technik zumindest eine faire Chance geben. Und Sie hatten behauptet, daß in der Regel binnen 90 Sekunden etwas passieren würde. Nun, dachte ich, diese 90 Sekunden schenke ich Ihnen. Damals wußte ich noch nicht, daß ich sie mir selber schenken würde!

Dies ist kein Wert-Urteil! (vgl. Merkblatt Nr. 6 Langsam/schnell?, S. 173) Deshalb bezeichne ich jedes Seminar als psychologischen Supermarkt, nach dem Motto: Jede/r nimmt mit, was gefällt und läßt den Rest liegen.

---

* Eine auf wenige Zeilen reduzierte Kurzfassung dieses Fallbeispiels kennen Sie vielleicht aus *Stroh im Kopf?* (ab 36. Auflage).

Im Zweifelsfall lassen wir uns durch den Anfangsbuchstaben des Schlüsselbegriffs leiten. Hier »E« (Entspannungsgerät). Deshalb sah er unter »E« nach.

Also machte ich einen halbherzigen Versuch, der jedoch ausgesprochen fair war, denn die 90 Sekunden würde ich investieren! Ich suchte eine Schlagzeile für eine Anzeige (Entspannungsgerät), also nahm ich das Buch vom Regal und schaute sicherheitshalber in die beiden Listen BERUFE (Elektriker) und TIERE (Ente) nach.

Bitte bedenken Sie, daß es eingangs völlig ausreicht, in **eine** Liste zu sehen. Er hatte jedoch in beide geschaut und das hatte ergeben:

Schlüsselwort	Tier-Liste	Berufe-Liste
Entspannung	**Ente**	**Elektriker**

Professionell entspannt

Tja, Sie werden es kaum glauben, aber zuerst drängte sich mir ein Bild auf von einem Elektriker, der sehr entspannt in voller Montur und Kappe in einer Badewanne liegt, auf seiner Brust ein Quietsche-Entchen. Als nächstes fiel mir der Zeichentrick-Sketch von Loriot ein (Herr Müller-Lüdenscheidt!). Plötzlich kippte das Bild zu meinem Elektriker im Wasser zurück, der neue Slogan tauchte aus dem Vakuum auf und schrieb sich an die Kachelwand dieses Badezimmers. Er lautet: PROFESSIONELL ENTSPANNT.

Liebe Frau B., Sie werden es nicht für möglich halten, aber ich schaffte den Roh-Entwurf und der Kunde war begeistert. Inzwischen ist die Kampagne angelaufen ...

Kein Wunder, daß der Kunde positiv reagiert, denn »professionell entspannt« ist eine Bisoziation par excellence und Bisoziationen haben immer hohen Aufmerksamkeitswert (s. Kreativität, S. 18). Dieser hohe Aufmerksamkeitswert wird durch den hohen Verblüffungs-Index ausgelöst. Normalerweise denken wir bei dem Begriff »professionell« eher an Arbeit, Kompetenz, Leistung, Erfolg – also Macher-Qualitäten, während Entspannung das Gegenteil bedeutet, weil man die Spannung aufgibt, sich »fallen« läßt, es zuläßt etc. – und genau deshalb wirkt dieser Slogan so stark.

Und er wäre unserem Werbefachmann nie eingefallen (zugefallen!), wenn er nicht in die ABC-Listen geschaut hätte. Erinnern Sie sich bitte an Leonardo da VINCIs Feststellung: *Biete dem Geist zwei Gedanken an und er muß sie verbinden.*

Hier waren dem Geist unseres Werbefachmannes gleichzeititg angeboten worden: Entspannungsgerät UND Ente UND Elektriker und er hat etwas »daraus gemacht«. So entstehen neue Ideen von hoher Qualität.

Interessanterweise ist dieses Beispiel fast prophetisch, es geschah Anfang der neunziger Jahre. Inzwischen haben viele »total Gestreßte« begriffen, daß Sie auch ihre Entspannung »professioneller« angehen müssen – aber damals war dieser Gedanke noch völlig neu; bisoziativ eben!

Genaugenommen tauchte dieser Slogan nicht aus dem Vakuum, sondern aus den Tiefen seines Unbewußten (= den Bereichen passiven Wissens) auf!

Sie sehen also: ein Nutzen solcher Wissens-Listen ist die maßgebliche Steigeruung Ihrer Kreativität.

Fallbeispiel Nr. 8: Chronisch zu spät kommender Mitarbeiter ... Oder: SCHRIFTSTELLER schreiben doch?

Stellen Sie sich vor, Sie wären AbteilungsleiterIn und suchen eine Lösung für das Problem eines chronischen Zuspätkommers, mit dem Sie schon alles versucht haben (nettes Zureden, Schimpfen, Abmahnen). Einerseits wollen Sie ihn als Arbeitskraft nicht verlieren, andererseits kostet er allen Betroffenen zuviel Zeit und Nerven (u.a. weil das Telefon immer besetzt sein muß und durch ihn andere MitarbeiterInnen einspringen müssen, was deren Pausen-Pläne durcheinanderbringt). Nun denken Sie: *Da soll mir eine Wissens-Liste helfen? Daß ich nicht lache!* Aber, Sie haben sich einen ehrlichen Versuch versprochen und den werden Sie nun auch durchführen!

Auch dies ist ein **authentischer Fall**! Die betroffene Chefin lernte die Technik bei mir im Seminar kennen, hatte jedoch **noch keine einzige ABC-Liste erstellt.** Aber sie erinnerte sich, eine Berufe-Liste im Buch (das als Seminarunterlage diente) gesehen zu haben ... Tatsächlich fand sie die Liste und las nun unter *S* (wie

SAUEREI! STÄNDIG zu SPÄT kommen) den Begriff *Schriftsteller*. Sie schilderte mir später:

90 Sekunden

Im ersten Ansatz dachte ich: »Klar, das mußte ja kommen! Was zum T... soll ich jetzt damit anfangen?« Aber dann sagte ich mir: »Renate, machst du jetzt einen ehrlichen Versuch oder nicht? Also: *Wie könnte ich ›Schriftsteller‹ mit dem ewigen späteren Eintrudeln dieser Person verbinden? Hmm ... Hmm ...*« Nachdem Sie, liebe Frau B., in Ihrem Buch *Power-Tag* betonen, man solle in der Regel nur 90 Sekunden lang nachdenken, machte ich also 90 Sekunden lang ›hmmm‹ und gerade als ich aufgeben wollte, tauchte wider Erwarten tatsächlich die Verbindung in meinem Kopf auf: Was, wenn ich meine Mitarbeiter als »Schriftsteller« sähe? Was tun Schriftsteller? Sie **schreiben** (Bild: Federkiel, Papier, Sonne durch Fenster ...) Diese Vorstellung löste die **zündende Idee** aus:

1. Zuerst bat ich alle Betroffenen in einem kleinen Meeting (bei dem auch der Sünder dabei war), anonym ein kurzes Statement zu schreiben, aus dem hervorging, wie sie es fanden, wenn unser Sorgenkind ständig zu spät kam.
2. Ich versprach ihnen, ihre Statements würden anschließend von einem unabhängigen Schreibbüro eingetippt und alle im gleichen Format auf identischem Papier ausgedruckt.

3. Diese würden dann von allen (inkl. Herrn Spätkommer) gelesen und kurz besprochen.

So hat sie es auch gemacht und die Resultate waren großartig.

Drei Vorteile

Erstens war Mr. Immerspät vorher nie klar gewesen, wie sehr sein Zuspätkommen alle anderen nervte.

Zweitens schrieb eine/r, daß (er oder sie) ihn bis auf diesen einen Aspekt gerne mochte (während er immer geglaubt hatte, keiner würde ihn mögen). Das tat seinem angeschlagenen Selbstvertrauen sehr gut.

Drittens wollte er nun (zum ersten Mal in seinem kurzen Leben) wirklich kooperativ sein.

Gruppen-Druck: peer pressure

Das war es, was meine Seminar-Teilnehmerin überhaupt nicht begriff. Aber **Gruppen-Druck** (peer pressure) ist in der Regel eine weit bessere Maßnahme als alles, was ein Chef (Vater) oder eine Chefin (Mutter) jemals sagen könnte ...

Fallbeispiel Nr. 9: Der fiese Kunde aus Wien ... Oder: Die WADI aus dem Gamma Quadranten??

Im Star Trek-Universum ...

Einer meiner Brief-Leser rief mich anläßlich der monatlichen Hotline an und schilderte mir einen neueren Kunden, der ihn seit vielen Monaten nerve. Einerseits wollten er und sein Team den Kunden durchaus zufriedenstellen, andererseits gehe er allen total auf den Geist, weil er sich weigere, einen branchenüblichen 2-Jahres-Dienstleistungs-Vertrag abzuschließen und darüber hinaus noch ständig damit drohe, zum Konkurrenten »überzulaufen« u.ä. Alle hätten die Nase so ziemlich voll, es könne so nicht weitergehen und ob ich Rat wüßte.

ABC-Listen + Gedächtnis (vgl. mein Buch: *Das innere Archiv*).

»Dies«, meinte ich, »ist ein typischer Fall, bei dem Sie mit einem Wissens-ABC arbeiten könnten.« Er: »Wieso denn das, das hat doch mit Gedächtnis nichts zu tun?!« Dieser Leser hatte das Wissens-ABC© in einem früheren Brief vorschnell als *Gedächtnisverbesserung* in sein Wissens-Netz »gehängt«.

Ich erklärte ihm, daß Wissens-ABC©.s uns helfen können, weit kreativere Problem-Lösungen zu finden, weil sie uns helfen, aus alten Gedankenbahnen auszubrechen. Mit dem Wissen der Coaching-Briefe können wir feststellen: Normale Denkbahnen führen fast immer zu normalen **Assoziationen,** während wirklich kreative Ideen oft auf **Bisoziationen** beruhen. Und genau deshalb funktioniert das Wissens-ABC© so hervorragend als Denk-TOOL.

Er meinte, es sei doch wohl etwas albern auf einer Tier- oder Berufe-Liste nachzusehen, wenn er das Problem eines besonders ekelhaften Kunden zu lösen hätte. Nun, sagte ich, einen kleinen Versuch von 90 Sekunden sollte es doch wohl wert sein, oder?!

Übrigens, fügte ich hinzu: »Es müssen ja keine Tiere oder Berufe sein, ich arbeite z.B. derzeit an einer Star Trek-Liste!« Da er selbst auch ein »Trekkie« ist*, wurde er nun neugierig. »Also gut«, meinte er, »schauen wir in Ihrer Liste nach. Unter welchem Buchstaben?« – »Was halten Sie vom Anfangsbuchstaben des Kundennamens, oder vom Anfangsbuchstaben der Stadt in der er wohnt ...« – »Wien!«, rief er, »der Typ sitzt in Wien!« Nun, dann würden wir eben unter *W* nachschlagen.

Ich las ihm vor: *WADI, das Volk aus dem Gamma-Quadranten* ... Als Star Trek-Fan wußte er sofort Bescheid. »Ja, das passiert auf Deep Space 9 ...«

Da wir beide wußten, was »WADI« bedeutete, sagte ich: »Also, lieber Herr T., **jetzt beginnen Ihre 90 Sekunden.** Was fällt Ihnen zu WADI ein?« Er:

> Diese Leute lieben Spiele, setzen diese aber zuweilen als Strategie ein, zum Beispiel um Quark zu bestrafen, weil er versucht hatte ... Moment mal! Sie setzen das Spiel, das sie spielen, strategisch ein, ohne Rücksicht auf Verluste. Sie benutzen Captain Sisko und die anderen einfach als leben-

»Trekkie-Liste«

1. **A**ndroid: Data, Angelone, Aidea
2. **B**ajoraner, Borg, Binäre, Bashier-Barclay
3. **C**rusher, Cardassianer, Chula (gwaDi)
4. **D**S9, Dax, Dyson-Sphäre
5. **E**nterprise, Edo
6. **F**erengi, Föderation
7. **G**amma-Quadrat, Geordi, Gul Dukat
8. **H**olo-Deck, Haven
9. **I**nfinite Vulkan (Star Trek Zeichentrickfilm)
10. **J**ake (Sisko auf DS9)
11. **K**lingonen, Kirk, Kira
12. **L**lawna
13. **M**axia (Schlacht von)
14. **N**eutral Zone
15. **O**do, Okona, O'Brien
16. **P**icard
17. **Q**uark, »Q«
18. **R**eplikator, Romulaner, Riva (der Vermittler)
19. **S**isko
20. **T**ransporter, Terraforming, Technobabble, Tribbles
21. **U**. SS. Enterprise
22. **V**oyager, Vulkanier
23. **W**adi, Worf
24. **X**, Charlie (Charlie X)
25. **Y**ar (Tascha)
26. **Z**ek (grand Negus)

* Allerdings bin ich erst ab Captain Picard ein Fan!

> de Spielfiguren und fügen ihnen jede Menge Streß zu, nur weil sie ihr Meta-Spiel spielen, um Quark zu bestrafen ...

Er war jetzt sehr nachdenklich geworden.

> Das erinnert mich doch stark an diesen Kunden. Auch er spielt nur mit uns! Er macht uns quasi zu Spielfiguren wider Willen, wenn er uns gegen den Wettbewerber ausspielt. Wahrscheinlich treibt er ähnliches mit den Mitarbeitern unserer Konkurrenten ...

Er war ganz leise geworden und schwieg. Dann: »Haben Sie im *Zukunftstag-Seminar* nicht gesagt, es gäbe Kunden, die brauche man keinesfalls?« Hatte ich.

> Und ist das nicht ein Paradebeispiel? Der Mann kostet uns zu viel Zeit, Energien und Nervenkraft, ganz zu schweigen von der Zeit die verbraten wird, weil man sich seine letzte Eskapade erzählt .... Ich weiß, daß wir Umsatz mit ihm machen, aber ich bezweifle, daß ein Gewinn übrigbleibt ...

Es ist immer wichtig, daß Sie einen Bezug zu der Liste haben, die Sie einsetzen. Deshalb nenne ich sie ja bewußt ***Wissens-ABC©.s*** und nicht ***Unwissenheits-ABC.s.*** Also kann z.B. eine Star Trek-Liste nur von **Insidern** genutzt werden!

Nun entwickelte er einen ganz neuen Ansatz: »Ich werde ihm zeigen, wie man spielt!«, sagte er. »Ich werde ihm per Einschreiben mitteilen, daß er doch bitte zum Konkurrenten gehen möge, wo er anscheinend weit besser bedient werden könne als bei uns ...«

Er hatte also mit Hilfe des Wissens-ABC©.s in wenigen Minuten eine neue, kreative und bisoziative Lösung gefunden.

Normalerweise denkt man bei solchen Kunden eher an **Umsatz** als an die **Strategie**, mit der er vorgeht. Der Leser meinte, er werde die Technik der Wissens-ABC©.s wohl in Zukunft öfter nutzen. Damit endete das heutige Hotline-Gespräch aber ich bat ihn, mich auf dem Laufenden zu halten und deshalb weiß ich, was danach passierte: Er machte sein Wort wahr und schickte sein Einschreiben los. Aber die Story hat noch ein **faszinierendes PS,** denn dieser Kunde reagierte einige Wochen später mit einem eigenen Brief. Herr T. faxte mir diesen zu, darin war u.a. zu lesen:

> Ich habe lange nachgedacht und bin zu der Überzeugung gekommen, daß Ihr Haus mir insgesamt weit besser gedient hat als Ihr Wettbewerber. Lassen wir die Spielchen und kommunizieren wir offen und direkt miteinander. Wären Sie bereit, es noch einmal mit mir zu versuchen?

Ich würde jedenfalls gerne einen 5-Jahres-Vertrag mit Ihrem Haus abschließen und Sie in Ruhe Ihre Arbeit machen lassen ...

Es ist übrigens häufig der Fall, daß gerade autoritäre Persönlichkeiten ihre Mitmenschen **nur so lange nerven,** wie diese sich (grundlos) beugen! Nimmt man ihre Spielchen aber ernst und geht somit wirklich auf sie ein, dann ändern sie ihr Verhalten oft um 180 Grad. Denn sie wollen mit Menschen arbeiten, die sie respektieren können!

Mein Leser hatte seinem Kunden klar gezeigt: Servilität ist nicht (mehr) drin und genau darauf reagierte dieser, nämlich positiv!

Menschen aber, die **Service** (= professionelle DienstLEISTUNG) mit **Servilität** (unprofessionellem KatzBUCKELN) verwechseln, sind das nicht.
Ebenfalls spannend finde ich immer wieder: Wenn Menschen (wie dieser Teilnehmer) mir schildern, welchen

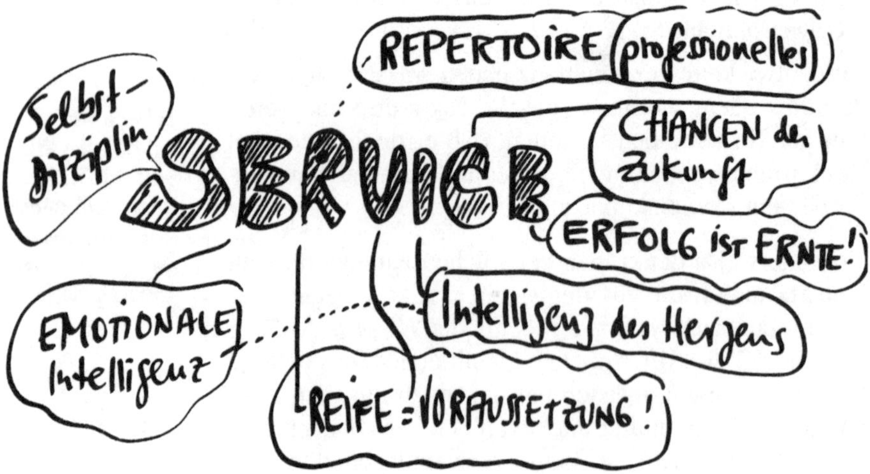

Erfolg sie mit einem im Seminar »gekauften Ideen-Produkt« haben, wenn Sie z.B. ein Denk-Tool in der täglichen Praxis anwenden, dann nehmen sie an, ich müsse genau so überrascht sein wie sie. Tatsache ist, ich bin es **nicht! Ich weiß ja, daß diese Techniken funktionieren.** Darum stelle ich sie den Menschen ja vor. Eigentlich klar, oder?

Fallbeispiel Nr. 10: Wenn es darauf ankommt: krank! Oder: Känguruh & Kai Opaka (von Bajor)??

Hier geht es um einen hochmotivierten Mitarbeiter, der jedoch immer wieder, wenn man ihn **besonders** brauchen würde (z.B. wenn eine Messe ansteht), akute Anfälle (einer chronischen Krankheit) bekommt, die ihn zwingen, zuhause zu bleiben. Er war der nächste Anrufer nach dem eben geschilderten Fall. Er erklärte mir die Situation und fragte, ob ich ihm irgendwie helfen könne. Er nehme zwar an, die Anfälle seien psychosomatisch bedingt (sein Arzt und seine Lebenspartnerin glaubten das ebenfalls), aber er habe sich schon monatelang den Kopf zerbrochen und könne sich nicht denken, was ihn so stressen würde, denn eigentlich arbeite er doch sehr gerne dort ...

Wenn jemand *»eigentlich«* sagt, werde ich immer hellhörig, deshalb meinte ich: *»Eigentlich* ist eigentlich immer eine Einschränkung, oder?«

Er wollte zuerst vehement widersprechen, unterbrach sich dann jedoch mitten im Satz und meinte: »Na ja, deshalb habe ich Sie ja heute angerufen. Können Sie mir helfen?«

Darauf teilte ich ihm mit, daß ich ihm nur helfen könne, selbst zu denken. An solchen Tagen fühle ich mich ein wenig wie Sokrates, der sich manchmal als »Schmeißfliege« bezeichnete (wenn er Leuten Dinge sagte, die sie lieber nicht hören wollten). Aber im Normalfall sah Sokrates seine Rolle eher wie die einer Hebamme, indem er Menschen half, Gedanken »in die Welt« zu bringen, die sonst »ungeboren« geblieben wären.

Sokrates: Hebamme und Schmeißfliege

»Ihre Art von Problem«, sagte ich ihm, »ist ein typischer Fall fürs Wissens-ABC©.« Als Brief-Leser ging es ihm ähnlich wie vielen; auch er hatte bisher mehr über die Beispiele zum Wissens-ABC© hinweggesehen als sie zu lesen.

»Spielen wir es doch einfach durch,« schlug ich vor. »Es dauert 2 Minuten, d.h. 30 Sekunden, um in einer Liste mit Assoziationen nachzuschlagen und 90 Sekunden für die Gedanken, die in Ihnen ausgelöst werden. Einverstanden?« Da sein Problem an seine Krankheit gebunden war, bot es sich an, unter »K« nachzusehen.

Das ist ja das Phantastische! Man hat die Methode in zwei Minuten verstanden und kann sie sofort praktisch anwenden!

Er hatte natürlich keine Liste griffbereit, also kramte ich und fand neben der Tier-Liste auch mein Star Trek-ABC. Da auch er Star Trek mag, sah ich in beiden nach:

Die Tierliste ergab **Känguruh** und beim Star Trek-ABC stieß ich auf **Kai** Opaka. (Der Begriff **KAI** könnte mit Papst oder Päpstin übersetzt werden, es handelt sich um **das spirituelle Oberhaupt** eines Planeten; in diesem konkreten Fall um eine Frau namens Opaka.) Ich bat um erste Assoziationen:

> Also, beim *Känguruh* denke ich zuerst an den Beutel. Ich habe einen tollen Film im Fernsehen gesehen und da sah ich, daß die Känguruhkinder nicht nur, wie ich früher dachte, bis zur Geburt im Beutel leben, sondern noch lange danach. Monate später können sie jederzeit, wenn sie etwas ängstigt, in den Beutel zurückkehren. Also das gefällt mir. So einen Beutel könnte ich auch manchmal gebrauchen ...

Ich fragte ihn, ob er an einer Technik Interesse habe, die in etwa so einem Beutel entspräche, er bejahte und ich erklärte ihm eine solche Methode. Er meinte, das klänge doch sehr gut und er würde es gerne ausprobieren. Dann fragte ich ihn, ob er mit dem Begriff **Kai** irgend etwas ver-BIND-en könne (ich paraphrasiere wieder):

> Hier geht es ja um das Spirituelle und ich glaube, daß ich das in den letzten Jahren ziemlich unterdrückt habe. Als Junge war ich Meßdiener gewesen und habe auch in der Freizeit gerne Choralmusik gehört, aber seit ich die Ausbildung zu meiner jetzigen Position begann und den Job dann auch bekam, habe ich überhaupt keine Muse mehr dafür gefunden ...

Das weitere Gespräch ergab folgenden strategischen Ansatz: Er würde die SafePlace-Technik erlernen. Und er würde wieder Raum für das Spirituelle in seinem Leben finden. So könnte er z.B. beim Laufen öfter wieder die Choralmusik hören und anderen Gedanken nachhängen, als immer nur mit irgendwelchen schlauen Hörbüchern zu joggen, die ihm helfen sollten, im materiellen Sinne noch erfolgreicher zu werden.

Auch er war von der Technik, mithilfe der **Wissens-ABC©.s** aus alten Denk-Rillen auszubrechen, sehr beeindruckt! Wundert es Sie? Wann werden Sie Ihre ersten eigenen Erfahrungen machen? Vielleicht möchten Sie anderen sogar davon berichten, was Sie dabei erlebt haben (z.B. in der »WANDZEITUNG« bei **www.birkenbihl.de**).

Fallbeispiel Nr. 11: Wie soll sie sich entscheiden? Oder: BIENE???

Die Nichte einer Kundin (die in unmittelbarer Nachbarschaft wohnt) hatte Boyfriend-Probleme, weil ihr Boris einerseits furchtbar eifersüchtig und andererseits ständig in kleine Untreue-Aktivitäten verwickelt war. Meine Kundin meinte, es wäre sicher das beste, wenn ihre Nichte von dem jungen Mann lassen könnte, aber sie als Tante wolle nichts dergleichen vorschlagen, denn sie befürchte eine Trotz-Reaktion. Eine Nachbarin hatte ihr geraten: *Das beste wäre es, wenn die junge Dame selbst zu einer Erkenntnis für oder gegen den jungen Mann kommen könnte, denn selbst wenn sie sich für ihn entscheiden würde, dann täte sie dies nun bewußt, trotz der Probleme, was immer noch besser wäre als das derzeitige Hin und Her.* Nun schaute sie mich an und wollte wissen, ob man ihrer Nichte quasi beim Nachdenken helfen könne. Sie wäre auch gerne bereit, mehrere Hundert Mark Beratungs-Honorar zu bezahlen. Ich meinte, das sei nicht nötig und erklärte Ihr das Prinzip von ABC-Kreativ©.

Sie wissen ja: Männer heiraten Frauen in der Hoffnung, diese würden sich NIE verändern, während Frauen Männer heiraten, von denen sie hoffen, daß sie diese verändern können ... Aber Spaß beiseite: Hier ging es der jungen Dame doch zum ersten Mal auf, daß es vielleicht in der **Natur** dieses Jungen läge und daß er immer so bleiben würde!

Ich schlug ihr vor, der Nichte zu erklären, sie habe eine neue Denk-Technik kennengelernt und ob sie diese mal zusammen ausprobieren wollten ... Ich erfuhr später:

Die junge Dame war durchaus bereit gewesen und hatte darauf bestanden, sich sofort eine eigene Tier-Liste zu kreieren. Sie nutzte die in meinem Buch nur bei einigen Buchstaben, bei der ihr nicht gleich etwas eingefallen war. Dann begann der eigentliche Denk-Prozeß, wobei sie durchaus bereit war, über die Situation mit Boris neu nachzudenken. Der Einfachheit halber schlug man bei

B nach (der Boyfriend namens Boris) und fand dort die BIENE. Erste Assoziationen ergaben:

1. Bienen fliegen von Blume zu Blume.
2. Dies liegt in ihrer Natur!
3. Könnte es in der Natur von Boris liegen, von Mädchen zu Mädchen zu schwirren?
4. Wenn ja, dann würde sie ihn nie ändern können!

leichte Entscheidung

Diese Einsichten hatte sie alleine gefunden. Und nun fiel ihr die Entscheidung, sich von ihm zu trennen, leicht. Das tat sie dann auch und lernte bald einen völlig anders »gelagerten« jungen Mann kennen ...

Wo sehen wir nach?

Bevor wir in den nächsten Fall einsteigen, noch eine Hilfestellung: Bisher hatte es sich jedesmal angeboten, unter einem Buchstaben nachzusehen, der sich aus einem Schlüsselbegriff des Problems ergeben hatte.

Weil es sich um ein Entspannungsgerät handelte, sah der junge Mann unter »E« nach und »fand« dort die ENTE und den ELEKTRIKER, und dies führte letztlich zur Bisoziation »professionell entspannt« (vgl. S. 59ff.). Ebenso hatten alle anderen Personen ein **Schlüsselwort** definiert und dann unter dem Anfangsbuchstaben dieses Begriffes in die Listen geschaut.

Ihnen ist natürlich inzwischen klar, daß man theoretisch überall nachsehen kann, sogar eine Nadel an irgendeiner Stelle eines Textes (vgl. S. 16) hätte geholfen. Trotzdem hilft es den meisten, eine konkrete Strategie zum Finden des Such-Buchstabens zu haben, und da bietet es sich an, ein Schlüsselwort zu finden und dessen ersten Buchstaben zu benutzen.

Manchmal aber bietet sich kein solcher Suchbegriff an, und dann schlage ich vor, Buchstaben-Lotto zu spielen (vgl. S. 48):

Flohhupferl oder **kleine Plastik-Kügelchen** von A–Z beschriften. Nun können Sie nach Bedarf eine ziehen und diesen Buchstaben dann zum »Befragen« eines Wissens-ABC©.s nutzen. Das tat ich im nächsten Fall ...

Diese Art von »Lotto« findet z.B. in einer Hosen- oder Jackentasche statt ...

Fallbeispiel Nr. 12: Ein Autor sucht ein Kolumnen-Thema! Oder: Quizmaster?

Früher schrieb ich eine monatliche Kolumne. Das Schöne an einer solchen ist ja, daß man über alles schreiben kann, frei nach Wunsch. Das Schlimme ist allerdings, daß man manchmal gar nicht weiß, worüber man schreiben soll. Insbesondere, wenn man mal wieder nicht rechtzeitig begonnen hat und der Termin ein wenig drückt ...

Ich hatte mit dem Redakteur der Fachzeitschrift abgesprochen, daß er immer drei Kolumnentexte als eiserne Reserve (in der Schublade) behalten solle. Dann war er eine Weile weg und seine Vertretung verbriet sämtliche Reserven und auf einmal »brannte« es. Man bräuchte den Text innerhalb von zwei Stunden, sonst gäbe es in diesem Heft keine Kolumne. Hier saß ich nun, ein Autor auf der verzweifelten Suche nach einem Thema. In solchen Fällen ziehe ich natürlich meine Wissens-ABC©.s zu Rate. Per Buchstaben-Lotto zog ich das *Q*. Die Liste (Medien-Berufe) liefert: *Quizmaster.*

Sofort fielen mir TV-Sendungen ein, sowie daß man mir einmal ein Buch (»Trivial Pursuit«) mit tausenden solcher Quizfragen **geschenkt** hatte, und daß es inzwischen auch einige Spiele dieser Art gibt, die man ebenfalls **verschenken** könnte. Bei der Idee des **Schenkens** klickte es bei mir! Es war wohl Januar oder Anfang Februar und ich erinnerte mich ungern (!!) an einige der Werbegeschenke, mit denen Firmen die Welt vollpumpen, in der Hoffnung, damit ein wenig Goodwill zu verbreiten. Oft sind diese Geschenke jedoch alles andere als gut gewählt und bewirken das Gegenteil ... Und schon hatte ich mein Thema! (Übrigens kam auf diese Kolumne später viel Resonanz, auch von Firmen, die sich beraten lassen wollten, ehe man die Geschenke für das Folgejahr einkaufte ...)

Um nur drei kleine Beispiele zu nennen:

1. **Uhren**, die **Knopfbatterien** benötigen, welche natürlich nicht beigelegt sind, wiewohl die meisten Leute diese nicht griffbereit zuhause herumliegen haben und während der Feiertage auch keine besorgen können.
2. Eine **Brosche**, deren super-billiger Herstellungsprozeß derartig scharfe Kanten und Zacken hinterließ, daß man sich beim Herausnehmen gleich die Haut aufriß. Sie können sich vorstellen, was es der guten Kleidung antun würde: Bei jeder Bewegung laufen Sie Gefahr, den Stoff zu durchbohren.
3. Irgendwelche Gegenstände, deren Inbetriebnahme eine **Anleitung** erfordert, die jedoch **so klein** gedruckt wurde, daß man eine sehr starke Lupe hätte beilegen müssen, oder die so unprofessionell aus dem Chinesischen übersetzt wurde, daß man damit eine Quiz-Sendung veranstalten kann.

Fallbeispiel Nr. 13: Er will sie überzeugen; sachlich, rational ... Oder: Woran erinnert dich Wasser und Wein?

Dieses Beispiel zeigt: Wiewohl ich nie erfuhr, worin das Problem genau besteht, konnte ich diesem Fragesteller helfen, ich brauchte ihm nur die Möglichkeit der ABC-Technik aufzuzeigen. Dabei gewinnen die Fragesteller doppelt: zum einen, weil sie ein derzeit anstehendes Problem lösen und zum anderen, weil sie es **selbständig** gelöst haben. Das erhöht die Chance, in der Zukunft wieder so einen Lösungsweg zu begehen ...

Das ist ein interessanter Berater-Effekt: Wenn wir Menschen helfen, sich selbst zu helfen, werden sie selbst ihre eigenen Ratgeber.

Diesmal handelt es sich um zwei Ehepartner, die oft im Clinch liegen. Es geht immer um ein Thema, das **ihm** sehr am Herzen liegt und das **sie** völlig anders sieht. Jahrelange Diskussionen konnten nichts daran ändern, nie konnte er zu ihr durchdringen! Als er mich fragte, wie er seiner Frau seine Position klarmachen könnte, betonte er, wie sachlich, rational und logisch er immer argumentiert habe. »Diese eine Sache ist jedoch in unserer Partnerschaft so wichtig, daß es mich doch sehr belastet! Trotzdem«, meinte er, »habe ich es noch nie vermocht, zu ihr durchzudringen.«

Es geht ja nur um die Sache …

Nun, ich schlug eine kleine Wissens-ABC-Übung vor und er war einverstanden, wiewohl auch er zweifelte, daß dies viel bringen würde. Das macht aber nichts, wie die Beispiele bisher uns bereits gezeigt haben.

Also wählte ich per **Losverfahren** einen Buchstaben und zog das *W*, dann zückte ich die nächstbeste Liste in meiner Nähe und las *Wein* vor. »Erste Assoziationen?«

Buchstaben-Lotto (vgl. S. 44)

Er war erstaunt, denn ihm fiel **sofort** ein, daß Jesus einst Wasser in Wein umgewandelt haben soll. Auf meine Frage, ob ihm noch weitere Gleichnisse einfielen, sprudelte er regelrecht (das Samenkorn, der letzte Arbeiter im Weinberg, mit dem Pfunde wuchern ...), wobei sein Erstaunen ständig wuchs. Auf meine Frage, was denn daran so erstaunlich sei, meinte er, daß er schon Jahrzehnte lang keinen direkten Kontakt mehr mit Gottesdienst (oder Bibel) gehabt hatte! Er sprach sehr nachdenklich weiter, weil sich ihm plötzlich mehrere Gedanken auf einmal aufdrängten, einige davon aus meinen Seminaren (er und seine Frau waren schon zweimal dabeigewesen):

1. Gleichnisse sind **Stories** und diese enthalten (nach NØRRETRANDERS) **Exformation** (vgl. Merkblatt Nr. 9 S. 178), deshalb sprechen sie uns an; darum können wir sie uns leicht merken und deshalb fielen ihm jetzt, nach Jahrzehnten, einige Gleichnisse spontan ein, wiewohl er seit über 20 Jahren bewußt über keines nachgedacht oder gesprochen hatte.

Exformation

2. **Stories** wirken durch die in ihnen enthaltene **Exformation** weit über den Moment hinaus, viele sind regelrechte Zeitbomben, die erst viel später ihren Einfluß entfalten.

3. **Exformation** bedeutet **Tiefe** und hat zu tun mit dem **Sinn,** den die Dinge (und das Leben) für uns

haben (müssen); er hatte seiner Frau zwar nackte Fakten (Information) angeboten, aber nie das, was eigentlich zählt (**Exformation**).

Eureka

Nach diesem Eureka konnte er selbst die neue Strategie entwickeln:

1. Er würde sich zu der Sache, um die es ging, einige Fallbeispiele einfallen lassen (also **Stories** mit **Exformation**).
2. Er würde ihr so eine **Story** erzählen, wenn er den nächsten Versuch unternehmen würde.
3. Dann würde er mit ihr über diese **Story** diskutieren; nicht über die Sache an sich, sondern über die Geschichte (das Gleichnis zur Sache).
4. Dann würde er sehen, ob ihr die »Lehre« seiner **Story** einleuchten würde. Wenn ja, dann könnte er ihr sagen, daß die **Story** sein Versuch wäre, diese Sache einmal anders anzugehen. Andernfalls würde er warten und es mit weiteren **Stories** versuchen ...

Auch hier weiß ich, was später geschah. Er brauchte mehr als eine Unterhaltung, aber er konnte seiner Frau mit Hilfe eines seiner selbsterfundenen Gleichnisse klarmachen, wie wichtig die Sache für ihn war und sie zu einem Kompromiß bewegen, mit dem auch er zufrieden war. Man hatte sich also im Wortsinn **einander angenähert,** wo man sich jahrzehntelang über eine große Distanz **nicht verständlich hatte machen können**. Das ist doch ein akzeptables Ergebnis.

Ich habe Ihnen hier absichtlich ein Beispiel erzählt, in dem es nicht unbedingt ein Happyend gibt, wie in anderen Fallbeispielen. Und zwar aus drei Gründen:

1. **Wenn es eine Technik gäbe**, die sämtliche jahrzehntelang anhaltende Probleme in Null-Komma-Nichts in Wohlgefallen auflösen würde, dann wäre der Erfinder dieser Methode über Nacht Multi-Billiardär!

2. **Ich will keine unrealistischen Versprechen machen.** Die Methode ist weit erfolgreicher als herkömmliches normales Denken, insbesondere wenn man in einer Denkrinne gefangen war, aus der man entfliehen wollte. Das ist praktisch garantiert. **Nicht garantieren kann** man jedoch, daß sich unmittelbar außerhalb der alten Denkrinne das Paradies befindet!

keine unrealistischen Versprechen

3. Oft fällt einem beim Lesen eine Idee ein, die einem so »offensichtlich« erscheint, so daß man kaum begreifen kann, daß die armen Betroffenen diese Lösung nicht sehen konnten! Aber die Betroffenen konnten es nicht, so ist das.

Vielleicht ist auch Ihnen beim Lesen hier oder da das eine oder andere »Licht aufgegangen«? Damit aber sehen Sie, daß ein für **eine** Person »unlösbares« Problem anderen durchaus lösbar erscheinen mag.

Deshalb lohnt es sich, im Zweifelsfalle mit anderen zu sprechen, weil andere durch ihre Brillen so manches sehen mögen, was Ihnen unsichtbar erschien.

Übrigens hilft hier u.U. auch eines unserer Foren (www.birkenbihl.de), bei dem unsere »insider« miteinander über alle möglichen Fragen (inkl. Probleme) reden. Es gibt diverse, schauen Sie einfach herein; vielleicht finden Sie ja interessante Gesprächspartner ...

Fallbeispiel Nr. 14: Keiner will die Hausarbeiten machen? Oder: Woran erinnert dich »Hase«?

Wieder ein Hotline-Beispiel. Eine Leserin macht Familienberatung in einer kirchlichen Organisation. Nun hat sie ein Standard-Problem, nämlich daß in vielen Familien **niemand bei den Hausarbeiten helfen will**. Es hat jedoch keinen Sinn, nur gut auf alle einzureden. Denn das ergibt höchstens »gute Vorsätze«, die nicht lange halten. Sie war gerne bereit, die Wissens-ABC-Technik anzuwenden (wiewohl auch sie zugab, es bisher nur mal spielerisch ausprobiert zu haben). Wir sahen also unter *H* (für *Hausarbeit*) nach und fanden in der Tier-Liste aus *Stroh im Kopf?* den Hasen. Ihre erste Assoziation war der Roman *Watership down,* den sie vor einigen

Monaten mit großem Genuß gelesen hatte. Hier geht es um einen Stamm von Kaninchen, die gezwungenermaßen »umziehen« müssen und was sie dabei so alles erleben. Nun meinte sie:

> Eigentlich könnte man die ja wie eine riesengroße Familie ansehen ... Nein, eigentlich nicht, dafür sind es zu viele ... eher wir eine Firma ...? Ja ..., das ist es! Wie eine Firma mit sehr vielen sehr motivierten Mitarbeitern ... hmm ...

Bitte beachten Sie, daß unsere Assoziationen immer ein Spiegel dessen sind, womit wir uns gerade befassen. Da diese Dame gerade angefangen hatte, auch in Firmen Beratungen durchzuführen, drängte sich ihr diese Assoziation auf. Hätte sie die letzte Zeit in Ägypten verbracht, dann wäre sie vielleicht auf Pharaonen gestoßen. Egal! Was immer »hochkommt«, kann sich als äußerst nützlich für die Problemlösung erweisen. Manche Menschen würden sagen, daß genau das, was auftaucht, eben deshalb auftaucht. Wundern Sie sich also nicht, wenn Sie anfangen, mit dieser Methode zu arbeiten, daß auch Sie immer wieder solche »wundersame Zufälle« erleben werden!

Dieser »Zufalls-Faktor« ist so stark ausgeprägt, daß die Amerikaner ein eigenes Wort dafür erfanden, nämlich »serendipidy«. Dieser Begriff deckt sich übrigens weitgehend mit C.G. JUNGS Begriff der »Synchronizität«.

Jetzt erinnerte sich die Dame daran, daß ich in einem Seminar den früheren Direktor des Gottlieb Duttweiler Institutes in der Schweiz (Dr. Christian LUTZ) zitiert hatte, der uns auffordert, uns als **Lebens-UnternehmerInnen** zu sehen. Damit meint er u.a. statt von Beruf Opfer zu sein, nach dem Motto »Ich bin ja nur Arbeiter« (oder nur angestellt), sollten wir lieber sagen:

Ich entscheide jeden Monat neu, ob ich dieser Firma meine wertvolle Arbeitskraft weiterhin zu den bisherigen Bedingungen zur Verfügung stellen will.

Wenn ja, dann tue ich als Dienstleister mein Bestes, weil ich mich nicht genieren will, wenn ich in den Spiegel sehe. Andernfalls könnte ich ja kündigen ... Wichtig ist dabei, daß Menschen auch schlimme Situationen weit besser »verarbeiten« und »nehmen« können, wenn sie sich daran erinnern, daß sie eigentlich gehen könnten. Dies gibt Ihnen die Kontrolle über ihr Leben zurück (vgl. Experiment Lärm-Knopf, S. 36).

Die Idee des Lebensunternehmertums hatte sie bereits in ihre Beratungs-Gespräche integriert. Nun sprühte sie förmlich vor neuen Gedankengängen, z.B.

> Wenn wir uns als Lebens-UnternehmerIn sehen wollen und wenn unser erstes Unternehmen sozusagen die eigene Familie ist, die wir als Unternehmer gut behandeln wollen, dann leuchtet es doch sicher ein, daß wir uns über die Aufgaben in dieser Firma (Familie) gemeinsam – als Familie – unterhalten sollten, statt daß Eltern immer nur anschaffen und Kinder sich immer nur wehren ...

Ein halbes Jahr später erfuhr ich, wie gut ihr neues Konzept eingeschlagen hatte. Man könne gerade die jungen Leute von der Idee begeistern, nach dem Motto: **Wenn wir die Familie einmal wie eine Firma betrachten,** dann

1. können alle Familienmitglieder etwas über die Art, wie Leute in Firmen Probleme lösen, lernen, und
2. jede/r könnte leicht einsehen, daß er/sie etwas zum Erhalt dieser Familie (bzw. ihres Haushaltes) einbringen kann.

Wenn Papa oder Mama als »Brotverdiener« teilweise oder ganztägig »draußen« sind, dann können sie logischerweise nicht so viel Zeit in den Haushalt investieren, um dies zu 100 % zu leisten. Natürlich würden Kinder und Jugendliche durch den Schulbesuch ebenfalls teilweise außerhalb »arbeiten«, aber ein wenig helfen könnten sie schon ... Nun einigt man sich erstens darauf, wieviel Prozent jedes Familienmitglied übernehmen will und welche Pflichten zu »seinen« Prozenten gehören. Dies dauert in der Regel ein bis drei Stunden und wird dann hinterher wirklich gelebt!

So werden Zukunftspläne geschmiedet, die alle später umsetzen wollen.

Sie war erstaunt, wie glatt es läuft, aber wir sollten wissen: Wenn man Menschen erkären kann, worum es geht (100 % der Haushaltspflichten) und mit ihrer Mitwirkung gemeinsam beratschlagt, wer wieviel übernehmen kann, entsteht ein faires System, an dem alle Anteil haben. Und:

Menschen jeden Alters setzen ihre eigenen Ideen nun mal gerne in die Tat um.

Da braucht es später keine großartige Motivationshilfe von außen. Leider wissen dies Abertausende von Eltern, Lehrern und Führungskräften noch immer nicht.

Fallbeispiel Nr. 15: Ein Seminarleiter braucht dringendst eine Idee ... Oder: Woran erinnert dich Glas?

Ähnlich wie beim 6. Beispiel (Schriftsteller) und 7. Beispiel (Werbeleute) benötigen auch Seminarleiter immer wieder Ideen, die jedoch unter (Zeit-)Druck in der Regel **nicht** frei fließen.

Deshalb ist ja das Innere Archiv© mit seinen Wissens-ABC©.s so hilfreich: Es hilft uns, ganz schnell Ideen »produzieren« zu können. So auch in diesem Fall.

Ein Kollege suchte dringend eine praktische Anwendung (eine Übung, ein Experiment o.ä.) zum Thema Lob und Tadel. Er rief mich an, weil ich in der Regel Ideen habe. Da er sich jedoch einige Tage davor leicht abfällig über die Technik der Wissens-ABC©.s geäußert hatte, meinte ich nun: »Ich bin bereit, dir zu helfen, wenn du zuerst einen kleinen Versuch mit dieser Methode unternimmst. Einverstanden?«

Nun, er hatte, ehrlich gesagt, keine Wahl und stimmte etwas unglücklich zu. Als ich ihn fragte, unter welcher LISTE und unter welchem Buchstaben wir nachschlagen sollten, meinte er: »Irgendwas, solange es schnell geht.« Also griff ich »blind« in mein Listen-Archiv, zog eine heraus und fand bei *G* das Wort *Glas.* »Was fällt dir zu *Glas* ein?«, fragte ich ihn. Er wollte schon sagen »nichts«, als er plötzlich stutzte.

Weißt du, ich lese gerade das großartige Buch von Paul SCHEELE*, das du uns neulich empfohlen hast, und da berichtet der Autor über ein Experiment, daß er hierzu gemacht hat …

An dieser Buchstelle erklärte SCHEELE einem Seminar-Teilnehmer, daß die Gruppe sich (während er draußen wartete) eine **Handlung** ausdenken würde, die er in wenigen Minuten ausführen sollte. Als Hilfe würde er, der Seminarleiter, mit einer **Glocke** signalisieren, wenn der Teilnehmer sich in die **falsche** Richtung begäbe oder einen **Fehler** machte (von wegen: aus Fehlern lernen). Man könnte es mit unserem Spiel vergleichen, bei dem wir mit »heiß«, »lauwarm« und »kalt« signalisieren, ob jemand auf dem richtigen Weg ist, nur daß in diesem SCHEELE-Spiel für »kalt« eine kleine Glocke geläutet wird. Die Übung ist auf maximal 5 Minuten begrenzt.

In diesem Fall wählte die Gruppe als Handlung, der Seminar-Teilnehmer solle **ein Blatt am Flipchart umblättern.** (Natürlich kann man mit der Übung weit mehr demonstrieren, z.B. nicht-verbale Kommunikation etc.) Jedenfalls schaffen die meisten Teilnehmer die Aufgabe nur mit großer Mühe oder gar nicht (und fühlen sich dabei oft akut unwohl).

Nun berichtet SCHEELE, wie die Übung beim zweiten Mal ablief. Diesmal verfuhr er umgekehrt: Er signalisierte mit Glockenzeichen, wenn die Richtung oder das Verhalten richtig war (er läutete also diesmal für »heiß«). Wen wundert es – die zweite Person kommt wesentlich besser klar.

Im Fallbeispiel handelt es sich darum, daß eine junge Dame aus der Wasserkaraffe ein **Glas Wasser** einschenken und einen Schluck nehmen sollte. Und nun floß es aus meinem Trainer-Kollegen heraus. Es war ein wunderbarer »Zufall«, genau das, was er brauchte. Es wäre unentdeckt in seinem passiven Wissen herumgelegen, wenn er es mit der ABC-Technik nicht »zufällig« gefunden hätte.

Deshalb war die Assoziation im Kopf meines Trainer-Kollegen durch den Begriff »Glas« aufgetaucht!

ZU-FALL?

Ja, ja ...

---

* Paul SCHEELE: *Das Gesetz der Natürlichen Brillanz*, 1999. Ein Buch, das aufzeigt, wie man das eigene POTENZ-ial großartig entwickeln kann.

Fallbeispiel Nr. 16: Wohin mit dem Bio-Müll? Oder: Banane?

Dies ist ein absolut faszinierender Fall: Einer meiner Kunden stand vor der Entscheidung, den gesamten Fertigungsprozeß in seiner Fabrik zu verändern. Einer der Gründe war der Versuch, die Mengen an GIFTIGEN ABFÄLLEN zu reduzieren, die bei der alten Produktions-Methode abfielen.

Nun hatte man sich auf eine von mehreren möglichen neuen Techniken »eingeschossen« und stand kurz vor dem Zeitpunkt, an dem alle Signale auf Grün geschaltet werden sollten (wie er es ausdrückte). Da wurde er von einem Berufskollegen gewarnt. Dieser teilte ihm mit:

> Hör mal, mein Freund! Bei der neuen Methode wirst du auch Abfall haben. Zwar keinen giftigen sondern biologischen, aber so viele und so große Komposthaufen gibt es nirgendwo, wo du diese Massen hin entsorgen kannst! Da kommst du vom Regen in die Traufe, mit dem Unterschied, daß diese Traufe gehörig stinken wird, wenn das Zeug bei Euch herumliegen muß ...

Mein Kunde war entsetzt und machte einen Beratungstermin mit mir aus. Ich werde übrigens oft stundenweise »gemietet«, weil ich immer Ideen produzieren kann. Da ich jedoch bereits seit Jahren so ausgebucht bin, daß ich fast keine neuen Klienten annehmen kann, verrate ich ebenfalls seit Jahren meine Techniken gerne (z.B. in diesem Buch!). So können die Betroffenen selber besser denken und sparen auch noch Geld!

Sie wissen ja: Ein wirklich guter Coach (mit Ausnahme von Leistungssport-Coaches) macht sich entbehrlich, weil seine Klienten seine Techniken letztlich selbst beherrschen!

Ich wiederhole, daß solche »Zufälle« mit ABC-Kreativ© sehr häufig geschehen (SYNCHRONIZITÄT, SERENDIPIDY).

Nun, Sie ahnen es: Auch hier schlug ich natürlich die Technik des Wissens-ABC©.s vor. Da es um Bio-Müll ging, und da mein Kunde natürlich keine Liste »griffbereit« hatte, konsultierte ich eine der vielen »allgemeinen« Listen und hier stand nun bei *B* pikanterweise die *Banane*.

Aber der Prozeß ist weit weniger mystisch als viele glauben: Tatsache ist, daß sich in unserem gigantischen Unbewußten ständig tausende von Prozessen abspielen, von denen jeweils einige zu der Angelegenheit passen, mit der wir derzeit befaßt sind. Wenden wir Techniken an, bei denen wir uns etwas entspannen, dann können diese leichter an die Oberfläche »schwimmen« und dort »auftauchen« (= uns bewußt werden).

Im Streß hätten wir auch den Begriff *Banane* hören oder lesen können, ohne den Zusammenhang zu registrieren. Deshalb erscheint es uns oft so, als würde die ABC-Kreativ-Technik auf geheimnisvolle Weise irgendwelche anderen Quellen anzapfen. Nun, diese Quelle öffnet sich allen, die den normalen, rationalen, logischen (langweiligen, blockierten) Denkweg verlassen: jede/r kann lernen, sie anzuzapfen!

Bei der *Banane* fiel ihm als erstes ein *Scheibenwischer* (Kabarett-TV-Programm mit Dieter HILDEBRANDT) ein, das er vor vielen Jahren gesehen hatte. Einer der Gäste (er meinte, es könnte Jochen BUSSE gewesen sein), hatte HILDEBRANDT das »Bananen-Recycling« erklärt:

> Zuerst **importiere** man die bei uns verbotenen Pestizide in die Dritte Welt, wo die armen Unwissenden sie einsetzen.
>
> Dann **importiere** man die Früchte, z.B. Bananen und esse diese und – voilà – schon sind die Gifte wieder genau dort, wo sie hingehören!

Deshalb konnte die »Saat« meinem Kunden **jetzt, da er sie brauchte,** einfallen! Schon spannend, wie sich jene geheimnisvolle SERENDIPIDY ergeben kann, gell?

Ich bezweifle, daß Kabarettisten es oft erfahren, welche Langzeit-Wirkungen sie manchmal erzielen. So manche ihrer Saaten geht erst viel später auf. Denn **Stories bleiben haften*** und **wirken** unbewußt weiter

Der zweite Gedanke meines Kunden galt dem damals gerade erschienenen neuen Buch von Fritjof CAPRA**, worin er u.a. sagt: **In der Natur gibt es keinen Abfall.** Was immer ein Lebewesen ausscheidet (oder was von ihm übrig bliebe), wird von irgendeinem anderen Lebewesen (bis hin zu Mikroorganismen) genutzt!

Jetzt fiel meinem Kunden (welch ein wunderbarer »Zufall«!), ebenfalls wieder ein, daß CAPRA darüber berichtet habe, wie sich erste Netzwerke (teilweise per Internet) entwickelten. Hier listen Produzenten auf, welche Abfall-Produkte sich bei ihnen ergeben, und andere melden sich, die jene Abfälle gebrauchen könnten ...

Genau **darin lag auch der Schlüssel zu seiner Problemlösung**. Er initiierte in seiner Gegend ein regionales Intranet (im Umkreis von ca. 300 Kilometer), Überlegung: *Je kürzer die Wege von einem zum nächsten, desto besser für Umwelt und Geldbeutel.* Er fand zwei Abnehmer (einen für je einen der beiden Haupt-Bestandteile des zu erwartenden »Abfalls in spe«), und so konnte seine Firma auf das neue Verfahren setzen.

Was mich immer wieder fasziniert ist, wie viele Leute im ersten Ansatz **glauben, die Wissens-ABC©.s seien**

---

* Vgl. auch mein Taschenbuch *StoryPower,* 2001

** Fritjof CAPRA: *Lebensnetz,* 1999

»albern« (Quatsch, Kinderkram, u.ä.). Aber das letzte Beispiel zeigt eindeutig, daß diese »alberne« Technik durchaus auch für **große und größte (ernste!) Probleme** neue Ansätze finden kann! Wie die jungen Leute heutzutage sagen: Das ist echt fett (phett), finden Sie nicht?

Fallbeispiel Nr. 17: Die dunkle Parkgarage ... Oder: Inszenierung?

Eine Leserin meines monatlichen Beratungs-Briefes managt ein Shopping-Center. Dort gibt es einige Läden (wie auch sehr beliebte Cafés, Restaurants, Bistros, Bowling-Bahn, Fitneß-Center etc.), in denen Frauen gerne Kundinnen sind. Aber leider gibt es keinen Parkplatz, nur eine Parkgarage*.

Abends gibt es nur die typische Tiefgaragen-Minimal-Beleuchtung! **Deshalb trauen sich die Damen nach Einbruch der Dunkelheit nicht, sich dort aufzuhalten** (parken oder Wagen holen).

Das Gelände wurde in einen Hügel hineingebaut. Durch die Hanglage fällt auf einer Seite der Tiefgarage von außen genügend Tageslicht ein. Dadurch ist es dort tagsüber relativ hell.

Es drückt auf die Gemüter der frustrierten Frauen, die ja bereit wären, ihr schwerverdientes Geld in diesem Shopping-Center auszugeben. Aber das Problem strapaziert auch die Nerven der Business-People, die den Mehr-Umsatz gerne einnehmen würden. Trotzdem bestand seit Monaten die Problem-Situation, und mehrere Meetings aller Beteiligten hatten keine Lösung zustande gebracht. Zunächst hatte »normales Nachdenken« (logisch, rational, in eingefahrenen Denk-Bahnen) klar ergeben:

LÖSUNG: mehr Licht, mehr Kundinnen (vgl. Sommerzeit als Beweis)

Um diese Lösung zu implementieren, hätten die Geschäftsleute jedoch zunächst investieren müssen – und genau dazu waren sie nicht bereit. Sie meinten, dies müsse zu Lasten der Betreiberfirma gehen (die meine

* Eine verkürzte Version erschien in meinem *Das große Analograffiti-Buch,* 2002.

Im **Sommer** ist es lange hell, aber den **Rest des Jahres** ist dies ein echtes Problem.

Briefleserin als Managerin vertritt), weil die schlimme Hanglage keinen Parkplatz ermögliche und weil man damals die Anlage im Frühjahr/**Sommer** in der Schlußphase des Bauens besichtigt hätte und es daher überhaupt nicht absehbar war, welche Probleme im Winter auf die Miete zahlenden Betreiber all jener Läden, Restaurants und anderer Service-Center zukämen. Die Betreiberfirma hielt dagegen, daß man die Kosten fair verteilen sollte, wobei sie meinte, zwei Drittel sollten von allen Geschäftsleuten aufgebracht werden, das verbleibende Drittel wollte sie wohl zusteuern.

Aber auch nach diesem Kompromißangebot waren die Betroffenen weder bereit, die Installation der zusätzlichen Beleuchtung (man sprach von Neonröhren) zu finanzieren noch waren sie bereit, für die erhöhte Stromrechnung später aufzukommen.

Nun hatte meine Leserin zunächst durch lineares, logisch-rationales Denken den Kompromiß »erfunden« und die Betreiberfirma dazu gebracht, zuzustimmen (was auch Kraft und Zeit gekostet hatte), aber als die Geschäftsleute diese Lösung ablehnten, war sie ziemlich verzweifelt.

Ungefähr zur gleichen Zeit war sie bei einem Vortrag, in dem ich u.a. das Wissens-ABC© vorgestellt hatte. Danach hatte sie zwar einige Wissens-Listen angelegt, die Sache dann aber wieder vergessen. Sie war aber nach dem Vor-

trag Abonnentin meines Coaching-Briefes geworden, der allen Leser/innen eine monatliche Telefon-Hotline anbietet. Also rief sie an, um mir ihr Problem zu schildern.

Sie meinte, sie sei wohl in einer Sackgasse gelandet: vor ihr eine hohe Mauer, hinter ihr die erbosten Geschäftsleute und hinter diesen die frustrierten Frauen, die ja gerne in die Läden, Restaurants, Fitneß-Center etc. kommen würden, wenn nicht ...

Als ich ihr vorschlug, die Sache mit ABC-Kreativ© anzugehen, meinte sie zunächst, es gäbe doch wohl einen gewissen Unterschied zwischen Fallbeispielen im Seminar (also theoretischen Problemen) und einer Sackgasse wie der ihren. Ich bat sie, mir 90 Sekunden zuzugestehen (nur aus Neugierde ?), und sie willigte ein.

Also schlug ich ihr vor, die Sackgasse zu verlassen, indem sie ein Wissens-ABC© befragte.

Wenn wir ein ABC »befragen«, dann erkennen wir am Grad unserer Verblüffung, ob die neu entstandene VerBIND-ung für uns bisoziativ (vgl. S. 21 ff.) ist. Das Befragen einer ABC-Liste erhöht die Wahrscheinlichkeit für Bisoziationen, ist aber kein Garant. Allerdings helfen uns auch gute Assoziationen weiter, die wir ohne diese Übung nicht »gefunden« hätten.

Bisoziation (nach KOESTLER): Ver-BINDung zweier Gedankengänge, die normalerweise nie ver-BUNDen worden wären.

Sie entschied sich, unter *I* nachzusehen, weil für sie der wichtigste Schlüsselbegriff dieses Problems *Investition* war, da sie zu diesem Zeitpunkt (noch) annahm: Ohne Investition würde es nie zu einer Lösung kommen.

Unter *I* fand sie in ihrer Theater-Liste die *Inszenierung*. Das ergab für sie eine hervorragende Bisoziation und löste, wie wir gleich sehen werden, einen vollkommen neuen Gedankengang aus.

In diesem spezifischen Fall konsultierte meine Leserin eine der Listen, die sie nach dem Vortrag angefertigt hatte. Diese stand im Zusammenhang mit ihrer Laienschauspielerei und enthielt **Theater-Begriffe** (wie Bühne, Regisseur, Stück etc.).

Aber ehe ich Ihnen diesen schildere, wollen Sie vielleicht ein wenig trainieren und Ihre eigenen ersten Assoziationen notieren, also den nächsten Schritt (nach dem In-die-Liste-Sehen) üben.

Aufgabe: Notieren Sie (ja, jetzt gleich) erste spontane Assoziationen – vorläufig noch ohne Ver-BINDUNG zum Problem (diese Spielregel gilt immer, unabhängig davon, ob Sie über ein eigenes oder ein »fremdes« Problem nachdenken wollen).

AUFGABE:
Was löst der Begriff **INSZENIERUNG** in Ihnen aus?
(90 Sekunden)

___

___

___

___

___

Im Falle meiner Leserin enthielten die durch die Bisoziation ausgelöste Gedanken-Verbindungen folgende Begriffe:

Inszenierung ... Aufführung ... Kulissen ... Kostüme ... Beleuchtung ...

Plötzlich klickte es bei ihr und sie sagte: »Wie wäre es, wenn wir die Beleuchtung der Garage **ALS** Inszenierung sähen ...?«

Wenn Sie nicht weiter wissen, befragen bzw. »**konsultieren**« Sie irgendein **Wissens-ABC©**; die Ergebnisse (oft **bisoziativ**) können enorm hilfreich sein!

Das »Nachschlagen« in einer thematisch unverbundenen ABC-Liste löste also im Kopf dieser Leserin den »Gordischen (Geld-)Knoten« in Ihrem Denken und sie begriff, daß sie und die anderen das Problem bisher ausschließlich unter finanziellen Gesichtspunkten gesehen hatten. Nun eröffnete sich ihr eine völlig andere Betrachtungsweise. Aus dieser ergab sich in den nächsten beiden Wochen ein großartiger neuer Lösungsansatz, der ohne Konsultieren der ABC-Liste wohl niemals zustande gekommen wäre. Sie sprach mit einigen der betroffenen Händler und man erarbeitete folgendes bahnbrechende Konzept, das vielleicht auch andernorts Schule machen könnte.

Der **Lampenhändler** in diesem Zentrum **inszeniert** jetzt in der Parkgarage seine **Stehlampen.**

Er stellt sie als kostenlose Werbung für Produkte in seinen Laden auf (für Plakate hätte er bezahlen müssen; die Hinweisschilder auf sein Geschäft darf er kostenlos aufhängen).

Der Händler war es auch, der in der Fachpresse von neuartigen Sonnenkollektoren gelesen hatte, welche Energie für den Strom tagsüber auf dem Dach von der Sonne produzieren könnten. Die einmalige Investition von € 1.250,– pro Ladenbesitzer war plötzlich für alle akzeptabel.

Dieses Beispiel wurde zuerst publiziert in meinem *Das große Analograffiti-Buch* (2002).

Das allein wäre schon eine gute Lösung gewesen, aber es kommt noch besser, denn jetzt meinten einige andere Geschäftsleute, auch sie würden gern einen Teil ihres Angebotes ausstellen (pardon, *inszenieren*!). Heute beleuchten Stehlampen dort diverse Truhen, Ping-Pong-Tische, Fahrräder etc. Und nachdem jetzt »was los ist«, eröffnete sogar ein Zeitungs-Kiosk sein Geschäft, also sind die Frauen jetzt abends »dort unten« überhaupt nicht mehr alleine.

Jetzt wollen auch andere mitmachen!

ERGÄNZUNG zur 4. Auflage

Liebe Leserinnen und Leser,

die Resonanz auf dieses Buch ist hervorragend, aber es taucht immer wieder einmal eine Frage auf, die ich in dieser ERWEITERUNG beantworten möchte. Sie lautet in etwa: Wie schafft man es, daß einem etwas einfällt, wenn es darauf ankommt?

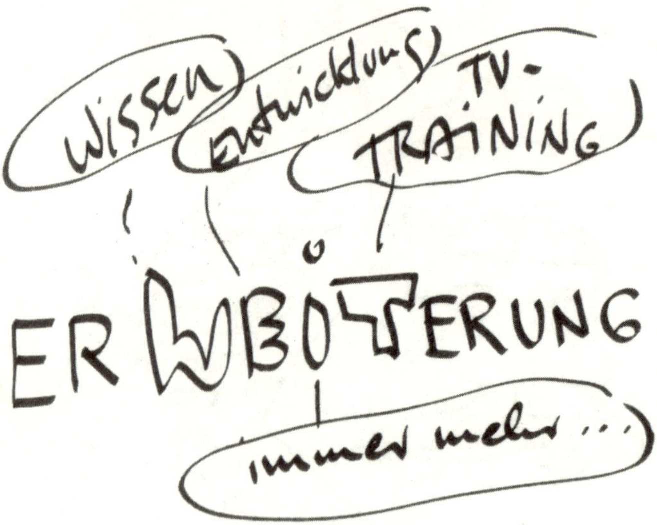

Nun, diese Art der Frage läßt darauf schließen, daß die Fragesteller »normal« denken, d.h. zu wenig. Dies veranlaßte George Bernhard SHAW übrigens einst zu folgender boshafter Bemerkung: »Die meisten Leute denken zwei- bis dreimal pro Jahr. Ich aber habe Weltruhm erlangt, weil ich zwei- bis dreimal pro Woche denke.«
Natürlich meint er nicht die Teile des inneren Monologes, die wir mit Denken verwechseln (»Ach, hat sie doch vergessen, Katzenfutter mitzubringen, und ich hatte sie extra darum gebeten!«) Solche Aneinanderreihungen von Wörtern darf man nicht mit einem echten Denk-Prozeß verwechseln, wie der konkreten Analyse eines Problems (»Was kann ich tun, um zu erreichen, daß sie nicht immer wieder vergißt, Dinge einzukaufen, die sie versprochen

hatte?«). Diese Frage (wie Fragen überhaupt) könnte in einen echten Denk-Prozeß münden. Da die meisten Menschen normalerweise innerlich monologisieren, versuchen sie erst »richtig« zu denken, wenn sie ein akutes Problem haben. Je schlimmer das Problem auf uns wirkt, je genervter wir uns fühlen, desto mehr Streßhormone zu Denk-Blockaden führen können. Bedenken Sie jetzt bitte auch, daß ABC-KREATIV eine TECHNIK darstellt, und alle Techniken (vom Golf- bis zum Klavierspiel) nur durch ÜBEN besser werden können. Was die meisten Menschen übersehen, ist: Je häufiger wir ABC-KREATIV trainieren, wenn wir keine akuten Probleme haben, desto besser wird unser REPERTOIRE, und je höher unser Kompetenzgrad, desto besser können wir die Technik anwenden, wenn wir im Streß sind. Gehen Sie davon aus: Wer im Training 130% schafft, schafft unter Streß noch etwa 80%, das gilt für jede Tätigkeit. Wer aber nicht trainiert, kann im Zweifelsfall auch nicht punkten.
Also sollte die Frage von oben neu gestellt werden, zum Beispiel so: Wie kann man die Technik ABC-KREATIV am besten trainieren?
Antwort: Beim Fernsehen!

Wer lieber Stories und/oder Romane liest, kann beim Lesen trainieren.

Und zwar aus mehreren Gründen:

1. Weil das Fernsehen laufend Probleme bietet, die nicht unsere eigenen sind, also können wir mit der nötigen DISTANZ üben.

2. Weil man bei Privatsendern regelmäßig lange Denk-Pausen angeboten bekommt (in Form von Werbeblocks, die teilweise 7–12 Minuten lang sind).

3. Sie gewöhnen sich daran, über dasselbe Problem mehrmals nachzudenken. Zum Beispiel, weil Sie bei mehreren Begriffen in der Liste nachsehen. Und Sie werden feststellen, daß es sich lohnt! Bitte bald ins »normale Leben« übertragen. Viele Menschen neigen nämlich dazu, eine spezifische Lösung ins Auge zu fassen und dann sämtliche Aspekte derselben zu »durchdenken«, insbesondere wenn ihnen eine Lösung schon einigermaßen wahrscheinlich erscheint. Lernen Sie, mindestens 3 Lösungen zu produzieren

(Fortgeschrittene mindestens 6), die alle denkbar wären, ehe Sie eine auswählen ...

4. Weil man sich daran gewöhnt, »solche« Zeiten zu intensivem Denken zu nutzen, dann loszulassen (wenn der nächste Block unserer Sendung »läuft«), um im nachfolgenden Werbeblock weiterzudenken. Später werden auch andere Zeiten zu »solchen« Zeiten, z.B. einige Minuten, in denen Sie auf eine Person warten müssen, oder auf einen Anruf von jemand, der »sofort« zurückrufen wollte, aber dann doch 14 Minuten braucht. Zuviel Zeit, um nichts zu tun, zuwenig, um einen größeren Vorgang zu beginnen; aber wunderbar, um »wieder mal« über ein Problem zu reflektieren, das derzeit ansteht.

Ein PROBLEM mehrmals "denken"

Sie werden erstaunt sein, wie es Ihr Denken ankurbelt, wenn Sie »zwischendrin« intensiv nachdenken und dann »loslassen«. Das können Sie nach einigen Wochen in die tägliche Praxis übertragen und auch beruflich gut nutzen.

Mein Rat: Legen Sie ein Problem-ABC an, in dem Sie alle Fragen auflisten, über die Sie derzeit »zwischendurch« nachdenken könnten. Kommt eine kleine Wartezeit, werfen Sie einen Blick auf diese Liste und wählen Sie ein Problem aus, zu dem Sie jetzt ÜBEN können. Wenn Sie auch »echtes« Nachdenken nach demselben Schema angehen, verringern Sie Ihre Panik oder streßbedingten Denk-Blockaden, weil Sie von der Routine profitieren, die Sie im Training entwickelt haben.

Es folgen zwei Fallbeispiele, wie das Training konkret aussehen kann. Bitte registrieren Sie, daß ich für jedes Problem MEHRERE mögliche Lösungen gefunden habe, und dies ist die Ausbeute von jeweils nur einer Sendung, damit Sie Appetit bekommen. Viel Vergnügen (ja, Training kann eine Menge Spaß machen)!

Fallbeispiel Nr. 18: Wolkenkratzer ohne Plakate

In einem Spielfilm sah ich folgende Situation: Ein Wolkenkratzer, der u.a. mehrere Stockwerke mit Büros enthält, dann einige Stockwerke, die ein großes Shopping-Center darstellen. Desweiteren gibt es Stockwerke mit Dienstleistern, darüber ein mehrstöckiges Hotel mit einem ganzen Stockwerk voller Fitneß-Angebote: Neben richtigen Fitneß-Studios gibt es regelrechte Wander- und Fahrradwege (bepflanzt) sowie einen großen Swimming-Pool. Im Erdgeschoß gibt es eine riesige Halle. Nun zum Problem selbst: Einige der Läden, Firmen und Dienstleister im Gebäude würden gerne in der Halle Kontakt zu potentiellen Kunden aufnehmen, aber Werbung im klassischen Sinn (Plakate, Litfaßsäulen etc.) ist in diesem Gebäude verboten. Die Leute im Film sahen keine Möglichkeit, andere Wege zu finden, d.h. jemand, der dort einen Laden hätte mieten wollen, sah davon ab, weil er meinte, wenn er nur über Zeitungswerbung Kunden gewinnen könnte, wäre ihm das zu teuer. Das war mir Anlaß genug, die nächste Werbepause zu nützen. Ich griff die erstbeste Liste (die ein Gast neulich nach einem ABC-Spiele-Abend liegengelassen hatte und die noch weitgehend leer war) über Möbelstücke und...

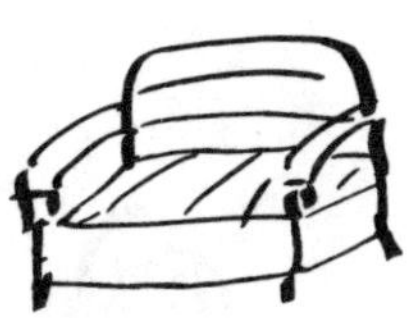

1. bei der COUCH tauchte die erste Assoziation auf: Man lädt das Möbelhaus im Gebäude ein, jeden Tag eine andere Couch in die Halle zu stellen, um auf sich aufmerksam zu machen. Da sich hier zwangslose Kontakte von Kunden und Menschen, die im Gebäude arbeiten, ergeben, kann man ganz nebenbei ein wenig erlaubte Mundwerbung für das eigene Geschäft machen ... (diese Assoziation war mir bestimmt deshalb eingefallen, weil ich am Nachmittag mit einem Bekannten über mein Fallbeispiel LAMPE im PARKHAUS gesprochen hatte, wo ja inzwischen etwas Ähnliches stattfindet. (Man sieht, wie unsere heutigen Assoziationen immer mit beeinflußt werden von unseren Erlebnissen, neulich, gestern, heute...)

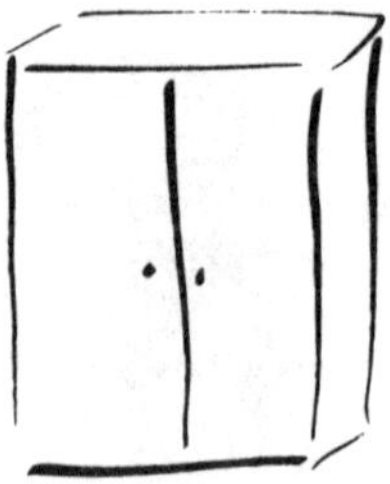

2. Als nächstes führte das Stichwort KLEIDERSCHRANK zur Idee des SPRECHENDEn KLEIDERSCHRANKes. Sie kennen Szenen im Sinne eines »Verstehen Sie Spaß-Programms«. Die Idee, daß Leute an einem Schrank vorbeilaufen und von diesem »angesprochen« werden. Dies kann aufheitern, aber auch einen spannenden Erstkontakt herstellen, zu dieser Stimme-im-Schrank. Wenn potentielle Kunden ein Infoblatt erhalten, aus dem hervorgeht, daß man mit der Stimme-im-Schrank auch telefonisch sprechen kann, und daß es sich dabei um einen vollwertigen Psychologen handelt, der die Meinung vertritt, daß das Telefonat eine besondere Form des vertrauensvollen Kontakts darstellt und daß man hier die Wahl hätte, zwischen einer normalen Beratung (Angabe, wo im Gebäude sich seine Praxis befindet) und telefonischem Counseling ...

   Diese Idee war übrigens höchstwahrscheinlich ausgelöst worden, weil ich kurz davor einem Kollegen erzählt hatte, daß ich seit einigen Jahren vermehrt Telefon-Couching, sogar kleine Telefon-Seminare mache (am anderen Ende sitzt eine kleine Gruppe bzw. neuerdings über Konferenz-Schaltungen im Internet klappt das auch mit Teilnehmern, die weit verstreut sind). Wir treffen uns nur in einem virtuellen Konferenz-Raum. (Wieder sehen wir: Je weniger wir geistig arbeiten, desto weniger neue Assoziationen können durch unsere geistigen Prozesse von neulich oder vorhin ausgelöst werden. Im Klartext: Je mehr jemand denkt, desto mehr fällt ihm ein, wenn es darauf ankommt!)

3. Dann stieß ich auf STUHL und dabei fielen mir Sitzungen ein (im Sinne von Meeting, Konferenz, Gesprächsrunde), sowie daß in dem Gebäude ein Dienstleister saß, der VIDEO-KONFERENZEN vermittelte und ausrichtete. Dies führte zu folgender Idee: Wenn man in der Halle einen schicken Flachbildschirm aufstellt (für den der Laden, der ihn verkauft, mit einem

dezenten Hinweis ebenfalls Eigenwerbung betreiben könnte), dann könnte man auf diesem Monitor eine Videokonferenz sehen, mit Texteinblendungen, wo im Gebäude man diesen Service findet (mit Telefonnummer natürlich).

Fallbeispiel 19: Der schielende Psychologe

In einer US-TV-Serie (PRACTICE – die ANWÄLTE) kommt es zu folgender Situation: Ein Mandant ist ein Psychologe, der an einer Augenerkrankung leidet, die ein Schielen auslöste. Das heißt, daß ein Mensch, der nie zuvor geschielt hat, innerhalb einiger Monate gravierend schielt! Dieses Schielen irritiert seiner GesprächspartnerInnen, insbesondere NEUE, also potentielle Patienten. Also kann er keine NEUEN Klienten mehr für die Klinik gewinnen. Seine alten Patienten bleiben zwar weitgehend bei ihm (nur einige wenige werden abtrünnig), aber neuen GesprächspartnerInnen gegenüber hat er ein echtes Handicap. Deshalb hat die Klinik ihn gefeuert und er will klagen. Er will seinen Job zurückhaben, er liebt seine Arbeit und selbst eine Abfindung würde ihm nicht helfen, die LEERE in seinem Leben ohne Job auszufüllen. In der TV-Serie wird das Problem NICHT gelöst, es bleibt am Ende bei der Kündigung, weil die JURY im Prozeß zugunsten des Beklagten (also zugunsten der Klinik) entscheidet.

Nun frage ich, wenn wir dieses Problem BESSER lösen könnten, würden wir es KREATIVER angehen? Welche Möglichkeiten können wir mit ABC-Kreativ finden? Merke: Ich frage nach Möglichkeiten (Plural!). Versuchen Sie es einmal!

Da ich eine BESSERE Lösung suchte, schlug ich in einer Liste über religiöse Praktiken bei B nach und fand dort die BEICHTE der röm. kath. Kirche. Welche Assoziationen löst das in Ihnen aus?

Hier sind meine: Erstens sieht man sich nicht (gut). Es gibt ein GITTER zwischen Priester und Beichtwilligem, außerdem ist es mindestens DÄMMRIG, oft sogar fast DUNKEL, also läuft das Gespräch eigentlich hauptsächlich über das OHR. Deshalb heißt diese Art von Beichte auch OHRENBEICHTE. Dies löste in mir folgende Möglichkeiten (Plural!) aus, wobei ich Ihnen nur die Ausbeute von 2 Minuten (mit TIMER) präsentiere. (Das Aufschreiben später dauerte weit länger als die assoziativen Gedanken selbst, die ich ursprünglich nur mit Stichpunkten notiert hatte.) Idee Nr. 1 – BEICHTE: Könnte der Psychiater, ausgehend von der Idee der OHRENBEICHTE, darüber nachdenken, ob er in Zukunft statt über die Augen mehr bzw. ausschließlich über das OHR arbeiten möchte?

1. OHRENBEICHTE FÜR NICHT-KATHOLIKEN: Die Idee einer »Beichte«, d.h. einer Diskussion schwieriger Fragen in Bezug auf ein Wert-System, könnte zu gewissen Zeiten allen Menschen helfen, unabhängig davon, ob sie katholisch sind. Ziel hier ist nicht so sehr die Vergebung HINTERHER, sondern mehr, gewisse MORAL-FRAGEN im Vorfeld zu klären. Also ist dies mehr eine ENTSCHEIDUNGSHILFE als eine Beichte, aber die Ohrenbeichte hat diese Entscheidungshilfe als mögliche Strategie ausgelöst ... Dies führt zu dem Gedanken für jene, die akut Hilfe brauchen:
2. SEELSORGE-HOTLINES, hier sprechen die Leute auch, ohne einander zu sehen.
3. SEELSORGE-RADIO-SENDUNGEN (vielleicht bei einem Regionalsender), auch hier sieht man sich nicht, könnte aber mit manchen Leuten, die öfter anrufen, Themen weiterführen (während AnruferInnen bei einer HOTLINE nie wissen, welche/n GesprächspartnerIn sie heute »erwischen« werden).
4. FRAGEN Sie ELIZA: In den 1970-iger Jahren entwickelte WEIZENBAUM ein erstes Computer-Programm mit, das den ANSCHEIN erwecken konnte, hier antwortete ein »echter« Therapeut. Man hatte das

Programm mit einem raffinierten PARSER ausgestattet, der Satzteile erkannte und sinngemäß »gut« reagieren konnte – im Grunde kennen wir das heute von den automatisierten Telefonanlagen, aber damals war die »passende« Reaktion ein totales Novum. Hinzu kam, daß WEIZENBAUM das Programm namens ELIZA mit PSYCHOLOGISCHEN Floskeln ausgestattet hatte. Auf eine WARUM-FRAGE antwortete es z.B. mit »Was denken Sie, warum?«, oder: »Hmm, was meinen Sie, könnte der Grund sein ...?«. Auf einen Angriff auf eine Person reagierte ELIZA vielleicht mit einem »Haben Sie schon einmal versucht, die Beziehung zu (Namen der Person, von der geredet worden war) zu klären?« usw. Was WEIZENBAUM dazu führte, die Wandlung vom Computer-Pionier zu einem der wichtigsten Computer-Mahner zu vollziehen, war die Tatsache, daß die Leute am Insitut, wider besseren Wissens, intensiv und teilweise stundenlang mit ELIZA »kommunizierten«, weil es einfach sehr hilfreich ist, eine Art roten Faden zu bekommen, anhand dessen man die eigene Situation klarer durchdenken kann als ohne. In diesem Sinne könnte der schielende Psychologe ein INTERNET-COACHING einrichten.

E L I Z A

5. POD.CASTS mit einem Folgeservice einer telefonischen Beratung, die ein gewisser (kleiner) Teil der HörerInnen gerne aufgreifen wird. Ich selbst führe Ähnliches seit Jahren durch, weil viele meiner Klienten in ganz Europa verstreut leben (oft hat man sich auf einem internationaln Seminar kennengelernt) und nun noch einige Monage lang ge-coacht werden wollen, bis sie das im Seminar Vermittelte in ihre eigene Praxis umgesetzt haben, danach sind sie völlig autark – ein Leben lang.

Dies könnte übrigens sowohl im Rahmen der Klinik geschehen (so daß der Psychologe auch dort wieder NEUE KUNDEN gewinnen und den Kontakt mit den Kollegen aufrecht erhalten könnte, woran ihm anscheinend viel liegt) oder er könnte sich selbständig machen (mithilfe der durch seine Rechtanswälte erstrittenen hohen finanziellen Abfindung leicht möglich).

Sie sehen: Die Grundidee (Ohrenbeichte) mit 5 Variationen war durch einen einzigen Begriff in einer einzigen ABC-Liste ausgelöst worden. Der ganze Prozeß dauerte nur ca. 2 Minuten (das Aufschreiben nicht gerechnet). Und ich finde meine Lösungen allesamt BESSER als die in der Serie, in der die Klinik zwar eine größere Abfindung zahlen muß, der Psychologe aber mit seinem Problem, nämlich arbeiten zu wollen, alleine gelassen wird.

Zum guten Schluß (der Erweiterung):

Wollen wir uns zum guten Schluß noch einmal in die tägliche Praxis begeben.

Problem I: AUSZEICHNUNGS-Pflicht?

Es folgen neue Beispiele der letzten Jahre

Ein Problem, das immer wieder auftaucht, ist die Tatsache, daß Etiketten auf Nahrungsmitteln (Verpackungen, Dosen, etc.) Informationen eher verheimlichen. Erstens, weil die Schriften so klein sind, daß einige Lebensmittelläden bereits LUPEN an die Regale hängen, damit man die Beschriftung überhaupt lesen kann. Aber das ist erst ein Teil des Problems, denn selbst wenn man die Info SEHEN kann, kann man sie noch lange nicht verstehen. Beispiele: **Prozent- statt Gramm-Angaben**: Wenn ich auf einer Sahne-Portion (für zwei Tassen) lese, daß die Sahne 10% Fett hat, habe ich mit einem Blick genau Null Ahnung, wieviel Gramm Fett ich mir damit zuführe.
Gemischte Zahlen: In der Angabe (Kalorien) sehe ich eine andere Angabe (Milli-Liter, Deci-Liter etc.) als in der Angabe, was die Packung tatsächlich enthält (z.B. Gramm). Wer die Umrechnungsfertigkeit nicht besitzt, geht leer aus, aber wer es kann, muß jetzt am Regal im Laden mehrere ähnliche Packungen erst berechnen, ehe er einkaufen kann. Eine Unsinnigkeit sondergleichen!
Unfaire Vergleichsmöglichkeiten: Wenn ich auf einer Packung lese, welche Fett- oder Zuckerwerte (Tabelle) 100 Gramm enthalten und dann erst lange suchen muß, wieviel Gramm die Packung wiegt und letztlich irgendwo

klitzeklein die Angabe 325 Gramm finde, dann heißt es wieder, daß ich nicht mit einem Blick sehen kann, was ich mir mit der ganzen, halben oder Viertel Packung antue. Dies ist besonders wichtig bei Snacks, bei denen die Werbung uns bereits »androht«, daß wir nicht mehr werden aufhören können, bis die Packung leer ist (Pringles!).

Problem II: MÜTTER

Ein Thema, das mir immer wieder auffällt, sind Probleme von Müttern und ihren Kindern, wie etwa, daß sie immer wieder ziemlich alleine zu sein scheinen. Dies sieht man immer wieder in Spielfilmen wie in Talk-Shows, es geht aus Chat-Rooms im Internet hervor, aus Leserinnen-Briefen an Zeitschriften etc. Die häufigsten Probleme bezogen auf die Kinder (neben zeitraubenden Problemen wie Einkaufen, Haus- und Wäschepflege etc.):

1. Das Kind muß beaufsichtigt werden.
2. Das Kind braucht Hilfe bei den Hausaufgaben bzw. beim Lernen, weil es Wissens-Lücken schließen möchte.
3. Das Kind soll Fertigkeiten kennen und schätzen lernen, die man selbst ihm nicht beibringen kann (z.B. ein Musikinstrument spielen; es muß nicht immer bezahlter Musikunterricht sein ...).

4. Das Kind soll der Reihe nach alle Museen der Stadt kennenlernen, auch den Zoo, etwaige Kunstausstellungen etc.
5. Das Kind soll gewisse musische Angebote der Stadt nützen können, von Nachmittags-Kino-Vorstellungen über (Puppen-)Theater, Kinderoper etc. Wer geht mit ihm, wenn die Mutti arbeiten muß?
6. Das Kind soll die Möglichkeit haben, sich regelmäßig SPORT-lich zu betätigen bzw. einen Sportart zu erlernen ...

Ich habe diese Aufgabe im Seminar öfter gestellt und dabei festgestellt, daß gerade betroffene Mütter vor allem die PROBLEMATIK sahen, sie saßen oft in Denk-Rinnen fest und meinten, wenn man keine Omi oder liebe Nachbarin hätte, hätte man einfach Pech gehabt und nun wäre es eine Frage des Geldes, die Probleme zu lösen. Aber genau das ist ja der Witz bei ABC-Kreativ, daß wir geistige Sackgassen überwinden lernen. Bei einigen konsequent gespielten Runden mit ABC-Listen und Begriffe nachschlagen (wie im Hauptteil des Buches erklärt), ergaben sich z.B. folgende Lösungsmöglichkeiten ...

ANDERE FRAUEN: Warum nicht andere Frauen suchen, die dieselben Probleme haben und – wie in den USA-Gruppen bilden? (mehr dazu unter B, F und N)

BARTERING (Tauschhandel gegen Leistung bzw. Sachwerte, ohne Geld): Es gibt inzwischen einige BARTERING-Börsen im Internet. So könnten z.B. Hartz-IV-Mütter andere Kinder mitbetreuen, dafür erhalten sie eine andere »Dienstleistung« in der BARTERING-Gruppe. Vielleicht kann jemand nähen, Gerichte kochen (die man immer schon lernen wollte), bei den Hausaufgaben helfen etc. Der Mensch hat viele 100.000 Jahre lang Tauschhandel betrieben, es ist nach wie vor möglich! Und durch das Internet ist es weitaus leichter, andere zu finden, als wenn man die Tauschpartner alle persönlich finden müßte. Da BARTERING für Arbeitslose besonders infrage kommt, können sie jenen mit Arbeitsplatz und Kindern gut helfen, haben das Gefühl, gebraucht zu werden, und der Staat kann ihnen von einer »Bezahlung« in Form eines anderen Freundschaftsdienstes nichts wegnehmen ...

FRAUEN-NACHBARSCHAFTSHILFE: Man beginne im unmittelbaren Umkreis und weite langsam aus. Wenn ca. 10–14 Frauen einen Arbeitskreis bilden, ist in der Regel immer »jemand« da, wenn eine der Frauen Hilfe braucht. Mit Checklisten und Ankreuzen kann man relativ leicht die »Buchführung« bewerkstelligen, sodaß niemand benachteiligt wird.

JOB-MÜTTER-NETZWERK: Denken Sie nicht nur an Ihre eigene Firma (siehe auch F und N), sondern an die Arbeitsplätze im selben Viertel: andere Firmen, Büros, Fabrikhallen, Kaufhäuser etc., in denen ebenfalls Frauen mit Kindern arbeiten. Es ist weit leichter, Interessengemeinschaften zu bilden, als jede Einzelne annehmen würde, die nichts unternimmt!

KIR-CHEN-PICK NICK

KIRCHEN-PICKNICK? Eine meiner Teilnehmerinnen wurde bei einer ABC-Kreativ-Übung beim Stichwort KIRCHE daran erinnert, daß sie in ihrer Jugend in den USA gewohnt hatte, wo man am Sonntag nach der Kirche mit der gesamten Kirchengemeinte zum PICKNICK zog: Im Sommer draußen im Freien, an einem Bachlauf, in der kalten Jahreszeit in einem größeren Raum des Kirchengebäudes. Dort waren so viele Menschen vorhanden, mit denen man »aufwuchs«, daß es wie eine Großfamilie plus Sippe wirkte. Es fanden sich immer Spiel- oder Gesprächspartner, die Kinder von alleinerziehenden Eltern fanden hier Ersatz für fehlende Väter oder Mütter. Manche Dinge möchte ein Junge nicht mit einer Frau besprechen, manche ein Mädchen nicht mit dem Vater, aber in dieser Kirchensippe gibt es genügend junge Leute, die älter sind und mit denen man sich »ausquatschen« kann. Während sie so erzählte, stellte sie fest, wie sehr ihr diese Kirchengemeinde fehlte. Nun, was spricht dagegen, selbst eine solche Gemeinde zu SUCHEN bzw. vielleicht sogar zu gründen? Was das Suchen angeht, so dürften CLUBS in Frage kommen, es gibt auch welche, die an jedem Wochenende einen Tag »angelegt« haben, an dem, wer will, kommen kann, so daß sich auch hier bald »sippenähnliche Zustände« ergeben dürften. Insbesondere für Jungen sehr wesentlich, die eigentlich in einer Dorfgemeinschaft aufwachsen müssen, so daß es immer ältere und jüngere andere Jungen gibt, weil sie nur so lernen, jede Lebensphase erst zu sehen, ehe sie sie selbst durchleben – etwas, was in unserer Kleinfamilie in Nachbarschaften, die Kinder nicht haben wollen, kaum noch stattfinden kann. Diese Problematik wird für alleinerziehende Mütter besonders wichtig.

MÜTTER-CLUB: Gründen Sie einfach einen Club, und im Club Arbeitskreise. Dann könnten alle, die bei den Hausaufgaben helfen können, sich in die AG Hausaufgaben eintragen, wer lieber mit Gruppen von Kindern in den Zoo oder ins Museum gehen will, geht in die AG Stadt-Trips, wer lieber intelligente Spiele mit den Kindern spielt, die ihren Geist entwickeln (Frage-/Rätselspiele), geht in die AG Spiele etc. Auf diese Weise kann jede sich in einem Gebiet einbringen, das ihr am meisten zusagt. Ich kenne einen solchen Frauenclub, deren Mitglieder inzwischen auch gewisse Dienstleister gemeinsam nutzen (ja, es gibt noch Waschsalons, in denen man sich treffen kann, statt an der Maschine im Keller zu waschen, wo man sich vielleicht sowieso nicht wohl fühlt).

NETZWERKE: Zwar wird oft behauptet, Frauen seien »geborene« Netzwerker, aber das stimmt nicht; Männer verstehen es weit besser, »Seilschaften« aufzubauen. Frauen können es jedoch LERNEN. Heutzutage mit Internet weit leichter, insbesondere seit WEB 2.0 (seit das Internet das bietet, was man sich ursprünglich davon erhofft hatte). Es gibt jede Menge Sites, auf denen Leute einander FINDEN können, man kann sich selbst »anbieten« und angeben, was man sucht und bieten kann, und diese Sites können nach Stichworten gesucht (ge-GOOGLE-t) werden. Selbstverständlich sind auch alle Fragen, die Mütter betreffen, als Stichworte sicht- und auffindbar...

SCHWARZES BRETT: Wir wissen aus der Bibel, daß nur jene, die SUCHEN, auch FINDEN können. Viele Nachbarschaftsläden bieten noch die Möglichkeit eines schwarzen Bretts (wenn die Zettel auch an einer Fensterscheibe hängen). Nutzen Sie solche Möglichkeiten oder schaffen Sie neue. Hier kann man junge Kätzchen »loswerden«, Hilfe für Latein finden und vieles mehr!

PROBLEM III – nochmal TIEFGARAGE?

Auf Seite 83 haben Sie ein Beispiel gelesen, das im Seminar immer viel Überraschung auslöst, wenn ich die Problem-Situation zuerst von Kleingruppen diskutieren und lösen lasse, ehe ich berichte, was damals tatsächlich passiert ist.
Aber weil dieses Beispiel so viel Echo auslöst, folgten auch weitere Fragen zum Thema ...

Warum nur diese DUNKELHEIT??

Die meisten Tiefgaragen weltweit sind düster. Das hat mehrere Nachteile für diejenigen, zu deren Läden, Cafés, Restaurants, etc. die Benutzer gehen wollen:

1. Schlechte Beleuchtung lädt zu Verbrechen ein (Gelegenheit macht Diebe, Vergewaltiger etc.),

2. Dunkelheit macht es schwer, den eigenen Wagen wiederzufinden,
3. Dunkelheit drückt aufs Gemüt und
4. Dunkelheit hält Frauen fern.

Eine Teilidee des ersten Beispiels deutete ja bereits an, daß man neue Lampen kaufte, die ihren Strom außerhalb des Gebäudes via Solar-Energie sammelten, um die Beleuchtung in den dunklen Zeiten zu ermöglichen (da dort teilweise Tageslicht half). Diese Lampen waren damals ganz neu, inzwischen sind derartige Lösungen viel leichter zu bewerkstelligen. Es gibt inzwischen erste Lampen auf Basis von Leuchtdioden, die nur Bruchteile des Stroms benötigen und in allen Farben kommen, im Gegensatz zu bisherigen Sparlampen, in deren Licht man immer aussieht, als käme man geradewegs vom Seziertisch aus der Pathologie ... Also spricht heute nichts dagegen, sämtliche Parkdecks mehr als tageshell zu erleuchten. Wenn es aber wirklich hell wird, sieht man, wie scheußlich sie sind, deshalb ... (siehe nächste Frage).

Depressives GRAU?

Es ist ja verständlich, daß man Wände, die man nicht beleuchtet, auch nicht schmücken möchte. Was aber, wenn wir sie aus Sicherheitsgründen und aus Respekt für unsere Kunden beleuchten würden: Könnte es nicht sein, daß einem dann die Lust vergeht, sich dort aufzuhalten? Nun, in einem meiner Seminare wurde diese Frage optimal gelöst. Hier die Idee meiner Teilnehmer-Gruppe, die inzwischen verwirklicht wurde: Man lud GRAFFITI-Künstler ein (am Ende kamen sie bis aus New York eingeflogen), erklärte ihnen den Sinn und Zweck dieser Aktion und hielt fest:

1. Nur helle und freundliche Farben auf den großen Flächen,
2. Nur freundliche Motive. Bei Nichtgefallen würde die Fläche überweißelt und erneut freigegeben werden.

3. Die Kunden sollten abstimmen, die besten Motive würden Preise gewinnen. Es ist ja nicht so, daß Graffiti-Künstler prinzipiell gegen das Establishment »anstinken« wollen, im Gegenteil. Künstler wollen, daß ihre Werke GESEHEN werden. Wenn das Establishment einen so nett einlädt, bei einem lobenswerten Projekt mitzumachen, warum sollte man sich dem verschließen? Die Reaktionen waren sehr erfreulich, wie man mir (ein Jahr später) in einem Folge-Seminar berichtete (ich sah auch einige sehr beeindruckende Fotos). Diese Idee könnte ich mir flächendeckend vorstellen. Es gäbe unendlich viele Flächen in Städten, die man »freigeben« könnte. Denken Sie auch an so manche Hauswand, Mauer, an alte Wassertürme, ehemalige Betonbunker, die noch »herumstehen« und das Stadtbild »verschandeln«. Oder an uralte Straßenbahnen und U-Bahn-Wagen, die wirklich hübsch aussehen könnten. Dasselbe gilt für alte U-Bahn-Bahnhöfe, oft nur beige-bis-weiß gekachelt, zwar hell, aber häßlich ...

Desweiteren: Wenn Städte und Kommunen nur 30% der Kosten, die sie bisher zum regelmäßigen BESEITIGEN von Graffiti ausgeben mußten, für PREISGELDER freigeben, sparen sie immer noch 70% und haben schönere Städte und Tiefgaragen.

Beleuchtete Orte anders nutzen ...

In meiner Jugend konnten Künstler in München Schwabing auf der Leopoldstraße ihre Werke ausstellen. Ich schaffte es noch, ehe die Bürokratisierung zuschlug und man Genehmigungen einholen mußte; in einem Sommer malte ich Ölbilder und verkaufte 40 davon in 7 Wochen – ich werde das nie vergessen! Heutzutage haben junge Künstler kaum Möglichkeiten, ihre Arbeiten auszustellen, aber es gibt viele Kilometer von möglichen Strecken an Bahnhöfen (Gleise), Flughäfen (z.B. an den GATES), wo die Leute herumstehen und warten müssen. Viele können in so einer Situation nicht gut lesen, also langweilen sie sich. Wenn es da Bilder, selbstgemachten Schmuck etc. zu SEHEN gäbe, und man sich mit den Artisten ein wenig unterhalten könnte, könnten beide Seiten nur gewinnen. Die Künstler hätten eine Möglichkeit, ihre Arbeit zu zeigen, zu kommunizieren, erste Reaktionen von Betrachtern mitzuerleben etc., und die Reisenden hätten eine kleine Ablenkung. Wer das nicht will, kann ja auf einem der Stühle herumsitzen. Natürlich wäre das auch in PARKGARAGEN möglich, wenn diese gut beleuchtet wären. Die Bilder könnten sogar grauweiße langweilige Wände verbergen ... Und jeder muß in der Nähe der Aufzüge, die nach oben führen, dort kann man schauen oder gleich weitergehen ...

Nachtrag: Das Königsspiel

Diese Idee geht über ABC-Kreativ hinaus, wir benutzen keine ABC-Listen, aber wir denken frei assoziativ (kreativ) und wir lernen neue Menschen leichter kennen. Interessiert? Dann bitte weiterlesen ...

Als Kind las ich einmal von einem Königskind, das in irgendeinem Punkt seinen Kopf nicht durchsetzen konnte und sich darüber beschwerte. Daraufhin sagte man ihm: »Wenn du groß bist, wirst du König sein, und dann kannst du tun und lassen, was du willst! Aber jetzt tust du, was dir aufgetragen wurde.« Diese Szene fiel mir neulich wieder ein und löste in mir folgende Frage aus: Wenn ich König/in wäre (und absolute Befehlsgewalt hätte, wie die Märchenkönige, die ich als Kind kennengelernt hatte), welche Gesetze würde ich erlassen, um die Welt zu verbessern? Mit diesem Gedanken spielte ich immer wieder einmal. Im Laufe der Zeit stellte ich fest: Diese Frage ist eine hervorragende Art, neue Bekannte schnell besser kennenzulernen, denn bei dieser spielerischen Diskussion erzählen wir uns gegenseitig von Dingen, die uns wichtig sind! Also ist sie ein phänomenales Kommunikations-Instrument, um uns andere Mitmenschen ein wenig zu »erforschen«.

Beispiel Nr. 1: Hemd-KRAGEN

Wenn ich König wäre, dann wäre es verboten, an der Kragen-Innenseite von Oberteilen (von Hemden und Blusen bis zu Jacken) Etiketten anzubringen. Erstens, weil sie oft kratzen und zweitens, weil sie regelmäßig nach hinten/oben herausragen (vgl. meinen Video-Vortrag zur Komplexität, da kann man so ein Etikett bestaunen).

Beispiel Nr. 2: MEDIEN-KRITIK

Wenn ich König wäre, dann müßte jeder kritische Bericht (Radio, TV, Artikel, Buch usw.) mindestens einen intelligenten und vorstellbaren Lösungsweg anbieten! Kritik bezieht sich immer auf Verhalten von Menschen und es ist furchtbar leicht, Menschen »runterzumachen«! Das ist m.E. keine journalistische »Leistung«! Da werden regelmäßige TV- und Artikelserien und ganze Bücher gefüllt, aber wenn diese »Berichterstatter/innen« es besser machen oder zumindest einen gangbaren Lösungsweg aufzeigen müßten ...

Dieses Denk-Spiel hatte ich in einer meiner Kolummen veröffentlicht und daraufhin schrieb ein Leser aus der Schweiz:

Diese Idee hat in unserem Produktionsteam viele fruchtbare Diskussionen ausgelöst. Sowohl, was phantastische neue Ideen zur Frage »Wenn ich König wäre« ... angeht, als auch in Bezug auf Ihr Fallbeispiel: Früher hatten wir nämlich intuitiv so kritisiert (niemals meckern ohne konkrete Verbesserungsvorschläge anzubieten), aber im Lauf der Zeit scheinen wir es ein wenig vergessen zu haben. Erst Ihr Beispiel machte uns dies klar. Nun haben wir Ihr »Gesetz« neu installiert: Wir zwingen uns gegenseitig, nicht nur zu sagen, was uns nicht gefällt, sondern immer gleich einen Gegenvorschlag anzubieten oder zu sagen: »Ich weiß noch keine Lösung, hat jemand eine Idee, wie wir es machen können?« Alle Volontäre, Hospitanten etc. machen jetzt mit. Es dauerte ca. vier

Wochen, denn es ist, wie Sie festgestellt haben, wahnsinnig leicht, etwas (in unserem Fall z.B. ein Drehbuch) zu zerpflücken. Es ist weit schwieriger und führt zu wesentlich differenzierterer Kritik, wenn man Ihr »Gesetz« in die Praxis umsetzt (es funktioniert übrigens auch in der Familie hervorragend).

Merci vielmals!

Andere Leser/innen steuerten folgende Kommentare bei: Das war eine tolle Aufgabe, die wunderbare Gespräche im Kreis meiner Familie und Freunde ausgelöst hat. Danke! Man lernt in den Gesprächen mit anderen eine Menge über deren Inseln*, eigentlich ist dies eine großartige Kommunikationshilfe, um neue Bekannte besser »erfassen« zu können, sozusagen als schnelle Insel-Inventur. Super!

Ich habe eigene Ideen gesammelt und war erstaunt, wieviele Dinge es gibt, die verbesserungswürdig sind. Aber die Aufgabe reizt zu konstruktiver Kreativität (statt zum Herummotzen) und gerade das finde ich so toll ...

Weitere Ideen: Wenn ich Königin wäre, dann würde ich bestimmen, daß ...

... alle täglich (Mo–Fr) die Bill-Cosby-Show gucken müßten! Eine bessere und unterhaltsamere Lektion in Sachen Kindererziehung, glückliche Ehe und Umgang mit seinen Mitmenschen kann ich mir kaum vorstellen! Diese halbe Stunde ist mein tägliches Lächel-Training!

... es verboten ist, Preisschilder auf Buchrücken zu kleben, und zwar dergestalt, daß man die Inhaltsangabe nicht mehr lesen kann. TV-Werbung dürfte nicht lauter sein als die Sendung und die ordinäre Sex-Werbung dürfte niemals in Filmen und Serien

---

* Das bezieht sich auf ein Kommunikations-Modell, das sich jeden Menschen als auf einer unsichtbaren Insel lebend vorstellt, die es zu »erreichen« gilt (s. mein Taschenbuch *Erfolgstraining*)

auftauchen, die bevorzugt von Kindern und jungen Leuten gesehen werden (so daß man »unsere kleine Farm« u.ä. auch nachts um 3 uhr mitschneiden kann ...

... Haarwaschbecken (zum Rückwärtswaschen) beim Friseur gepolstert sein müssen.

... Steuern als Verhaltens-Regulatoren für »gute« Meme gelten: In den USA gibt es in manchen Staaten hochinteressante Luxus-Steuergesetze, die besonders das besteuern, was entweder als Status-Symbol dient (ein echter Pelzmantel, ein Kleid, das mehr als $ 175 kostet oder Schuhe für mehr als $ 78). Im Gegenzug sind alle Gegenstände des alltäglichen Gebrauchs vollkommen von der Mehrwert-Steuer befreit, also Grundnahrungsmittel, Kleidung, Einrichtungs-Gegenstände (mit einer Preis-Obergrenze, ab welchem etwas zu Luxus und zu einem Status-Symbol werden kann).

Was fällt Ihnen ein???

6. Das Denk-Roulette Oder: Das Gedanken-Karussell

Eine Problem-Löse-Technik für Gruppen

Wenn Sie eine Gruppe »zur Hand« haben, können sie eine phänomenale Technik aus den USA einsetzen. Dabei können mehrere Menschen gleichzeitig einige Kurzkonferenzen mit verschiedenen »Beratern« führen und alle zur selben Zeit an ihren (unterschiedlichen) Problemen »arbeiten«. Die Erfahrungen mit deutschen TeilnehmerInnen waren außerordentlich gut. Situationen, in denen sich diese Technik einsetzen läßt, sind zum Beispiel:

Wann immer mehrere Personen in einer Gruppe gleichzeitig an einem Problem arbeiten wollen ...

- Seminare/Workshops
- Meetings/Konferenzen
- Clubs, Vereine etc.

Man durchläuft es normalerweise live (in Gruppen), kann aber auch Varianten per Telefon oder e-mail einrichten.

Interessiert? Dann lesen Sie weiter!

Ich nenne diese spezielle Technik der Problem-Lösung* *Denk-Roulette* oder *Gedanken-Karussell.* Es spielen mindestens fünf Paare (es können bis zu neun Paaren sein); bei größeren Gruppen spielen Sie parallel in zwei Gruppen.

Betrachten Sie es wie ein **Spiel** ...

Bilden Sie zwei Kreise: einen inneren und einen äußeren.

siehe ABBILDUNG nächste Seite

Die inneren **SpielerInnen** blicken nach außen und die äußeren schauen nach innen, so daß je 2 Personen ein Paar für die erste Runde bilden.

* Die Initialzündung für diese Idee kam vor vielen Jahren aus den USA, aber die Details, die ich Ihnen hier präsentiere, habe ich selbst entwickelt.

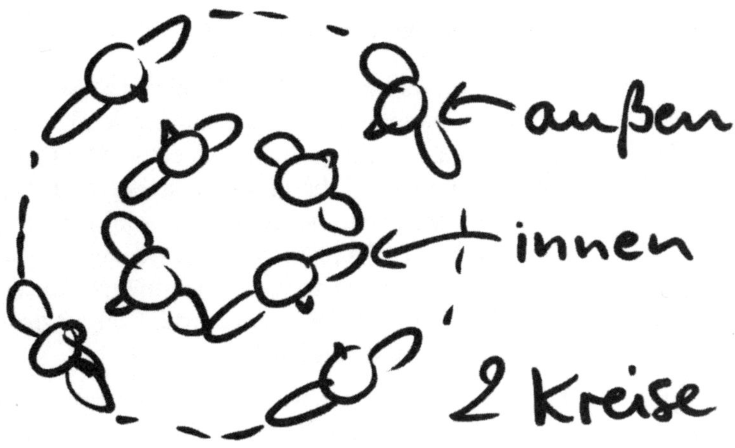

Der Ablauf:

1. Auf ein Signal (z.B. Glockenzeichen) **schildern die SpielerInnen im inneren Kreis** den Partnern im äußeren ihr Problem. Am Ende der vorgegebenen Zeit ertönt wieder das Signal.
2. Nun **sprechdenken** die Personen im äußeren Kreis spontan was immer ihnen durch den Kopf geht. Dies dürfen einzelne Stichworte und/oder ganze Sätze sein. Wichtig: Es geht nicht darum, eine fertige Problem-Lösung anzubieten, sondern **erste Assoziationen** mitzuteilen. Kann jemand eine konkrete Lösung anbieten, so ist dies erlaubt, aber nicht Pflicht. Nach Ablauf der Zeit ertönt wieder das Signal.

Bei Anfängern 90 Sekunden, bei Fortgeschrittenen 60 Sekunden und bei Profis reicht eine halbe Minute.

3. Nun **wandert** der innere Kreis eine Person weiter (Uhrzeigerrichtung) und Schritt 1 wird wiederholt.

Schritt 2 wird wiederholt, ebenso Schritt 3 bis jeder mit allen im Kreis gearbeitet hat.

4. Jetzt ist eine **Pause** von mindestens 1 Stunde angesagt, damit jede Person aus dem inneren Kreis ihre Gedanken konsolidieren kann. Nun kann man auch noch einmal zu einer anderen Person aus dem äußeren Kreis gehen und sie bitten, einen Gedanken näher auszuführen o.ä. Wenn eine zweite Runde gewünscht wird, dann mit vertauschten Rollen nach dieser Pause.

Viele **Gruppen** haben sich entschieden, an zwei Abenden zu spielen, so daß pro Sitzung nur eine Runde gespielt wird und der ganze Rest des Abends den heute als Fragestellern fungierenden MitspielerInnen gewidmet ist. Dies bietet sich an, wenn die Leute sehr nah beieinander wohnen und sich lieber zweimal für 2 Stunden treffen als einmal für einen ganzen Nachmittag.

In Merkblatt Nr. 9 finden Sie einen Super-Tip zum Hören von Diktierkassetten über Audio-Lautsprecher …

Die Vorteile dieses Vorgehens

Schon die Tatsache, daß die Mitspieler wissen, sie müssen ihr Problem in 30 bis 90 Sekunden schildern, zwingt sie, sich im Vorfeld genügend Gedanken zu machen, so daß sie fähig sind, ihr Problem sauber zu präzisieren. Manche schreiben es lieber auf. Wiewohl es mehr bringt, wenn man das Problem mehrmals hintereinander frei formulieren muß, ist auch das mehrmalige Ablesen hilfreich. Beim dritten oder fünften Mal begreift man selbst das Problem besser als am Anfang!

Erste Assoziationen sind »alte« Gedankenverbindungen aus dem Wissen des Betreffenden. Deshalb kann man hinterher oft zu den Assoziationen zusätzliche Informationen oder Ideen erfragen. Der Bäcker wird eher mit Ideen aus der Backstube reagieren, der Fußballer eher vom Sportplatz sprechen. Dadurch sammelt man verschiedenste Aspekte in kürzester Zeit, die jeweils neue eigene weiterführende Assoziationen auslösen können!

Wenn man die Gespräche mit **Diktiergerät** aufzeichnet, hat man erstens keine Angst, etwas zu verlieren und zweitens kann die Aufzeichnung später mehrmals angehört werden. Da kann es sehr wohl sein, daß einem beim vierten Durchgang (z.B. beim Gassigehen) etwas auffällt, was zuvor nicht wirklich bewußt registriert worden war.

Durch das geruhsame Nachfassen nach dem Basis-Spiel, kann man einige Aspekte vertiefen, die besonders hilfreich waren. Das ganze Spiel ist oft ähnlich hilfreich wie eine Sitzung mit einem teuren Berater, es kann sogar wesentlich ergiebiger werden. Denn:

Je unterschiedlicher die Erfahrungen der Anwesenden, desto vielfältiger werden deren Assoziationen sein und desto reichhaltiger wird die Ausbeute für die FragestellerInnen.

Wenn Sie **Bäcker** und **Physiker** zusammenstecken, ist die Wahrscheinlichkeit, daß bisoziativ gedacht wird wesentlich höher, als wenn lauter Bäcker oder lauter Physiker miteinander spielen.

Der Effekt ist nicht unähnlich, wenn wir einem fremden Mitreisenden im Zug ein Problem schildern oder einem Sitznachbarn am Tresen einer Bar. Da ergeben sich oft tolle Gespräche. Den Effekt erzeugen wir hier künstlich.

Deswegen werden wir im **Internet** eine Möglichkeit suchen, daß Leute sich für solche Übungen zusammenfinden, die aus unterschiedlichen Backgrounds kommen: www.birkenbihl.de.

Vor einigen Jahren stellte ich das Gedanken-Karussel in einem Seminar vor. Neulich war einer der Teilnehmer wieder in einem Vortrag und sprach mich in der Kaffeepause darauf an. Er erzählte mir:

> Wir haben das bei uns im Tennisclub angefangen. Damals nach dem Seminar hatten wir tatsächlich ein Problem, das mehrere Leute im Club betraf. Ich habe das vorgeschlagen und es hat phänomenal funktioniert. Dann aber meinten die Clubmitglieder, man habe ja öfter Probleme und so kam es, daß wir uns seither an einem Tag im Monat treffen. Nicht alle, sondern nur die, die heute ein Problem durchdenken wollen – sei es als Fragesteller, sei es, weil sie Spaß daran haben, anderen Clubmitgliedern Assoziationen anzubieten. Das heißt, von ca. 270 Mitgliedern sind immer zwischen 15 und 20 (Minimum) anwesend; manchmal kommen so viele, daß sich das Karussell in zwei Räumen parallel dreht und wir erst hinterher im Lokal wieder zusammentreffen. Es ist phänomenal, was dabei oft herauskommt.

Es leuchtet sicher ein, daß diese Technik mit einem minimalen Aufwand sehr viel bringen kann. Bitte bedenken Sie jedoch auch:

Die Frage bestimmt die Antwort

Wie Sie Ihr Problem schildern, hat wesentlichen Einfluß darauf, welche Art von Lösungen Sie (nicht) finden können. Fragen Sie: »Warum passiert sowas immer nur mir?« dann wird Ihr Geist eine Antwort auf DIESE Frage suchen. Genauso wie Ihr Geist zu suchen beginnt, wenn Sie (sich) fragen, was Sie konkret unternehmen können, um eine Situation, die Ihnen nicht gefällt, zu verändern.

Dasselbe gilt, wenn Sie mit Ratgebern jeder Art sprechen – und das Gedanken-Karussell entspricht ja einer Ratgebersituation. Schildern Sie Ihr Problem weinerlich, dann ernten Sie vielleicht Mitleid, aber Sie werden keine sehr konstruktiven Ideen einsammeln. Vielleicht beginnt man Sie zu trösten, aber das ist nicht gerade hilfreich für tatkräftiges Handeln, um ein Problem zu lösen.

2 Spielregeln

Diese beiden Spielregeln haben sich als sehr hilfreich erwiesen:

1. Schildern Sie das Problem so, daß es **intellektuell stimulierend** wirkt.
2. Lassen Sie etwaige frühere Problem-Lösungen (die nicht zum Erfolg führten) weg, damit Sie Ihre GesprächspartnerInnen nicht in dieselbe geistige Sackgasse führen, in der Sie vielleicht bereits sitzen.

Darum lieben Leute **Krimis,** insbesondere solche, in denen ein scheinbar »unmöglicher« Mord verübt wird.

Es geht auch am Telefon

Ich kann mir vorstellen, daß wir das Gedanken-Karussell **auch am Telefon** machen können. Wenn wir einige Personen kennen, mit denen wir absprechen, daß man sich gegenseitig anrufen darf (wir wollen ja nur eine Kurzreaktion; die berühmten 30 bis 90 Sekunden). Lassen Sie auf alle Fälle ein Kassettengerät (ein ganz billiges Gerät ist völlig ausreichend) mitlaufen, damit Sie den kreativen Fluß des Partners nie unnötig bremsen müssen, sonst würden Sie vielleicht einen besonders phänomenalen Assoziationsfluß abwürgen.

Besonders wichtig ist bei den Anrufen, daß man sich hier ganz klar an Absprachen hält. Man darf z.B. nicht, wenn die Assoziationen geboten wurden, fragen: »Übrigens, wie geht es deiner Frau?« Denn dann wird der andere sich bald verleugnen lassen und ist nur noch in Meetings, wenn wir anrufen. Jeder kann 30 bis 90 Sekunden aus der Arbeit herausgerissen werden und zu ihr zurückkehren, wenn Sie wirklich diszipliniert die Zeit einhalten, kurz »Danke« sagen und auflegen. Rufen Sie auf diese Weise hintereinander fünf Personen an, so ist das wie ein Karussell-Spiel mit 10 Spielern!

Ähnliches ist natürlich per *e-mail* ebenfalls möglich. Die Idee ist dieselbe: Sie sammeln in kürzester Zeit zahlreiche schnelle Assoziationen verschiedener Menschen und benutzen diese als Ausgangspunkt für weitere eigene Überlegungen. Sie werden sich wundern, wie schnell Sie extrem tief in ein Problem eintauchen können!

7. Kreatives Denken mit KaWa.s© und ABC-Listen©

GRAFFITI (von griechisch γραφειν = ritzen, d.h. schreiben oder zeichnen)

In diesem Abschnitt möchte ich Ihnen meine KaWa©-Denk-Technik vorstellen. Sie stellt eine Hälfte einer Zwillings-Technik dar. In beiden Fällen suchen wir kreative Assoziationen zu dem Thema, über das wir gerade nachdenken wollen, aber der eine Zwilling arbeitet mit Bildern (Grafische Assoziationen), während der andere mit Worten (Begriffen, Namen, also mit Sprache) spielt. Der Oberbegriff meiner Technik heißt **ANALOGRAFFITI©** (vgl. auch *Das große Analograffiti-Buch*). Das steht für **ANALOGES** = bildhaftes (symbolisches) **Denken** und **GRAFFITI** = denken **mit einem Stift** in der Hand. Also denken wir nach und machen uns Notizen, indem wir schreiben oder zeichnen.

Dies beschreibt die beiden Arten, analografisch zu denken, zeichnend (= **KaGa©**) oder sprachlich zu assoziieren (**KaWa©**). In beiden Fällen handelt es sich um: **KREATIVES ANALOGRAFFITI©**.

KaWa©: Wort-Assoziationen und **KaGa©: Grafische Assoziationen**

Im vorliegenden Buch geht es uns vornehmlich um den Schwerpunkt KaWa© genauer, um das Wissens-ABC© als Sonderform des KaWa©. Aber zunächst die »Spielregeln«:

Spielregeln:
1. Ein Begriff,
2. Assoziationen zu den Buchstaben dieses Begriffes (immer auf das Thema bezogen)

Man wähle einen Begriff, über den man reflektieren will (es kann sich auch um den Namen einer Person handeln) und schreibe ihn in die Mitte des Blattes: groß, dick, fett (gern auch farbig).

Nun finde man pro Buchstaben des Schlüsselbegriffes je eine Assoziation (es dürfen auch mehrere pro Buchstaben sein), die sich natürlich alle auf das Thema beziehen.

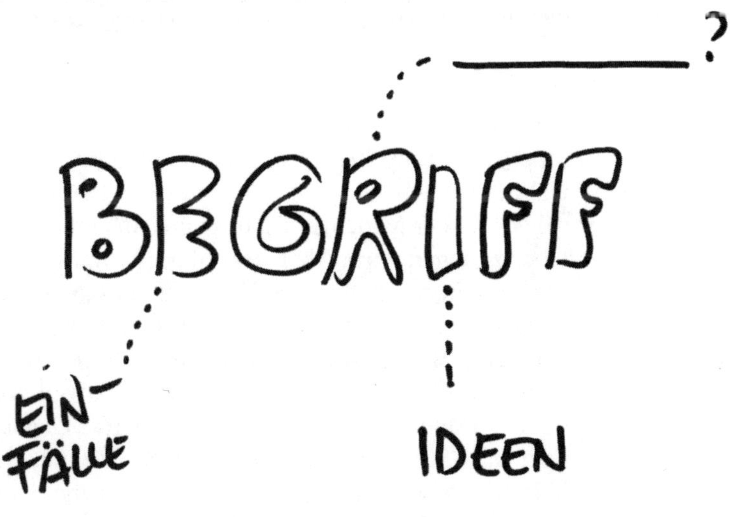

Angenommen der Schlüsselbegriff wäre »assoziativ«, dann könnten wir vielleicht feststellen, daß Assoziationen immer aus unserer Vergangenheit stammen (das *V* von »assoziativ« wird hier zu *Vergangenheit*). Vergangenheit aber implizert, daß es schon existierte, ehe wir im Augenblick daran dachten, also: alte Gedankenverbindungen (*A* erhält die Assoziation *alt.*)

Nun verwechseln manche ein KaWa© mit einem *MindMap* (nach Tony BUZAN) oder mit einem *Cluster* (nach Gabriele L. RICO), weil in allen drei Fällen ein Schlüsselwort in der Mitte des Blattes zum Ausgangspunkt der Überlegungen wird. Aber sowohl bei MindMap als auch bei der Cluster-Technik sollen Sie **frei** assoziieren, d.h., es darf Ihnen **alles** einfallen. Nicht so beim KaWa©: Hier benutzen Sie die Ausgangs-Buchstaben des Schlüsselwortes als »Sprungbretter« für Ihre kreativen Assoziationen. Dadurch aber sind Sie »limitiert«. Genau darin liegt das Geheimnis der erhöhten Kreativität, denn es fällt Ihnen weit mehr ein, als bei einfachem Denken nach dem Motto: Alles ist mööööglich. Dafür gibt es zwei »triftige« Gründe:

Schlüsselwort als SPRUNGBRETT

Der 1. Grund: Ihr Gedächtnis

Bei **Einzelwort-Assoziationen** benutzen wir andere Denk-Bahnen als bei normaler Sprache. Dies liegt in der Art der Wissens-Speicherung im Gehirn begründet. Deshalb lösen einzelne Wort-Assoziationen zunächst ganz andere Gedanken aus als normales Denken (in ganzen Sätzen). Dies wissen z.B. Psycho-Analytiker (seit FREUD) zu nutzen, und dies können auch wir nutzen, wenn wir lernen wollen, was wir zu einem Themenkreis wirklich denken und empfinden.

Jede Methode, die **einzelne Wörter** assoziiert, bringt mehr als das Reagieren in ganzen Sätzen.

Der 2. Grund: Ihr Unbewußtes

Bei Ganz-Satz-Reaktionen »zapfen« wir eher Denk-Strukturen an der Oberfläche an, hier »wohnen« die guten Vorsätze und die Lippenbekenntnisse. Mit einzelnen Wörtern können wir auf zweierlei Weise tiefer gehen:

1. Oft sind einzelne Begriffe mit anderen (unbewußten) wie mit einem Gummiband verbunden, und solche Verbindungen werden durch die Assoziationen »sichtbar« (vgl. klassische Assoziations-Tests bei Psychologen; nur daß wir hier selber herausfinden können, was in uns »steckt«).

2. Wenn wir einer längeren Assoziationskette »folgen«, die sich aus einem Ursprungsbegriff »ergeben« hat, beginnen wir auch, in die Tiefe zu gehen.

Wenn wir ein KaWa© anlegen, nutzen wir beide Vorteile:

• **Erste Assoziationen:** Hier »finden« wir so manches »Gummiband«, das wir nie vermutet hätten.

• Später, wenn wir einzelne Assoziationen zum Ausgangspunkt nehmen und **»ab hier« weiterdenken**, besteigen wir sozusagen einen Gedanken-Aufzug, der in die Tiefe führt (Metapher: ein Bergwerks-Lift, mit dem man in die Tiefe fährt). Deshalb sind KaWa©.s in Bezug auf Erweiterung unserer Selbsterkenntnis oft weit ergie-

Seelischer Schnappschuss

Inventur

biger als normale Gedankengänge (in Sätzen oder Halbsätzen)! Das schnelle Assoziieren einzelner Begriffe kann als metaphorischer **seelischer Schnappschuß** gesehen werden. Dies stellt demzufolge eine hervorragende **Inventur** dar. Deshalb kann diese Methode uns besser »sagen«, wie wir zu gewissen Fragen »stehen«als Ganz-Satz-Methoden. Beispiel:

Weitere Beispiele für Lippenbekenntnisse im Gegensatz zu Ergebnissen von KaGa©.s und KaWa©.s finden Sie in *Das große Analograffiti-Buch.*

Wenn ich im Seminar ins Thema Problem »einsteigen will«, dann beginnen wir oft zuerst mit einem kleinen Quiz, in dem ich die Teilnehmer/innen befrage, wie sie Probleme »sehen«. Sie antworten mit mindestens einem ganzen Satz (die Bögen werden eingesammelt, in der Mittagspause ausgewertet und am Nachmittag besprochen). Eine Stunde später lasse ich ein KaWa© anlegen, dabei tauchen häufig völlig andere Assoziationen auf. Auch und gerade Gruppen, die ins Problem-Löse-Seminar kamen, weil sie angeblich Probleme bereits als Chancen sehen etc. (so steht es auf vielen der Bögen), reagieren beim KaWa© gerne mit Assoziationen wie diesen:

Vgl. auch das Fallbeispiel GELD (S. 37ff.)

Sie sehen, ein KaWa© kann sehr wohl zur (Selbst-)Erkenntnis beitragen! Vielleicht sind Sie über das Ergebnis so erstaunt, daß Sie Ihre Einstellung zu dieser Sache (Person) sogar verändern wollen. Möchten Sie selbst nachdenken, wie man den Begriff »Problem« positiver gestalten könnte, indem man positivere Assoziationen zu allen Buchstaben sucht? Dann schreiben Sie »Problem« in die Mitte eines Blattes und assoziieren Sie, so positiv wie möglich, zu jedem Buchstaben des Begriffes. Was fällt Ihnen ein?

So kann sich die Bedeutung eines Begriffes (oder Namens) für uns vollkommen verändern, denn wir schaffen hier neue Denk-Verbindungen, so daß KaWa© ein faszinierendes emotionales wie geistiges Abenteuer werden kann.

vgl. Merkblatt Nr. 1 (S. 160)

Warum ABC-Listen eine Sonderform von KaWa© darstellen

Bei einem KaWa© suchen wir Assoziationen **zu allen Buchstaben des Schlüsselbegriffes**, der das Thema für uns repräsentiert, z.B. »assoziativ«, »Problem« etc. Bei einer ABC-Liste hingegen assoziieren wir **zu allen Buchstaben des Alphabetes**, das hier die (umfassendere) Rolle des Schlüsselwortes einnimmt.

Warum KaWa©.s & ABC-Listen unsere Kreativität erhöhen

Wie Rollo MAY in seinem leider seit Jahren vergriffenen Büchlein *Mut zur Kreativität* festgestellt hatte, ist die Grundvoraussetzung für Kreativität jeder Art eine **Einengung**, **Be-GRENZ-ung**, **Limitierung**. So beginnt die Kreativität des Lebens damit, dass das Leben durch den Tod be-GRENZ-t ist. Stellen Sie sich vor, Sie wären einer von 20 Unsterblichen auf diesem Planeten: Wie lange wären Sie wohl motiviert, irgendetwas zu schaffen,

Deshalb sind die Menschen in Kriegszeiten so erfinderisch, daß man schon im alten Griechenland wußte, der Krieg sei der »Vater« des Fortschrittes. Rollo MAY sagt, die Möglichkeit einer kreativen Lebensgestaltung beginnt mit der Limitierung des Lebens, mit dem Tod.

was Sie überdauert, wenn absolut nichts Sie überdauerte? Wieviel Energie würden Sie in Beziehungen investieren, wenn alle Menschen, die Sie lieben, nach ein paar Jahren (Jahrzehnten) stürben, Sie aber ständig weiterlebten? Wieviel Lust hätten Sie, ein »unsterbliches« Werk zu kreieren, wenn Sie länger leben als Ihr Werk?

Ähnlich ist es in allen Bereichen! Kinder sind heute umgeben von Tausenden von möglichen Spielsachen, und ihre Spiele sind oft weit weniger kreativ als die der Kinder meiner Kinderzeit in den vierziger Jahre des letzten Jahrhunderts. Damals fungierte ein Holzbrett heute als Schultafel, morgen als Wurfscheibe für Pfeile (mit Gummispitze), übermorgen als Puppenbett und am Tag drauf als Spielbrett für ein Würfelspiel.

Rollo MAY **berichtet,** wie es ihm aufgefallen war, daß die Limitierung den kreativen Druck erzeugt, der notwendig ist, daß etwas geschehen kann.

MAY erzählt von einer Zukunftstagung in den siebziger Jahren, einem Kongress zu dem über 2000 Wissenschaftler und Entscheidungsträger gekommen waren, um über die Zukunft nachzudenken. Er schildert die gespannte, faszinierte Atmosphäre vor Beginn, das aufgeregte, neugierige Warten auf das, was da zwei Tage lang kommen sollte.

Die Tagung wurde eröffnet und der Eröffnungsredner (irgendein Politiker) sprach von der wunderbaren Zukunft, die vor allen läge, *eine Zukunft unbegrenzter Möglichkeiten* und auf einmal war irgendwie die Luft raus. Er berichtet, wie man pro forma brav von Workshop zu Workshop und von Plenums-Diskussion zu Plenums-Diskussion gegangen sei, aber »die Augen leuchteten nicht mehr und es geschah auch nichts Bemerkenswertes. Die Tagung war vorbei, noch ehe sie angefangen hatte«. MAY stellt fest: Hätte der Redner davon gesprochen, daß es eine Menge Probleme und Limitierungen gäbe, die es zu lösen und zu überwinden gälte, hätte er in den Raum gestellt, daß man z.B. die Energieerzeugung erhöhen müsse, ohne die Umwelt zu belasten usw.

MAY: »Es war, als hätte man die Anwesenden mit einem **Kübel kalten Wassers übergossen.** Ab diesem Moment wurde es die langweiligste Tagung, der ich je beigewohnt hatte.«

Hätte er von Grenzen, Einschränkungen und Limitierungen gesprochen, dann hätte sich die Kreativität frei entfalten können.

Nimmt man alle Grenzen weg, dann bleibt ein großes flaches Nichts. So denken Kinder (SchülerInnen, MitarbeiterInnen etc.), denen man zuviele Möglichkeiten mit zu wenigen Grenzen anbietet, weit weniger kreativ als Menschen, die innerhalb gewisser Grenzen spielen und arbeiten (müssen). Auf dieser Tatsache baut der Denk-Ansatz dieses Buches auf, weil er ge-ZIEL-te Assoziationen innerhalb gewisser Spielregeln nützt.

Kinder, denen man zuviele Möglichkeiten mit zu wenigen Grenzen anbietet, haben oft Null Bock; sie sehen keinen Sinn im Leben und entwickeln sich schlechter als Kinder in Kriegs- und Nachkriegsjahren.

Drei ABC-Ansätze können uns helfen

Wenn wir über ein Problem nachdenken, dann können wir den analografischen Weg einschlagen; dieser bietet uns drei verschiedene Ansätze, von denen wir einen oder alle (nacheinander) »begehen« können:

1. Wir können ein KaWa© zu einem **Schlüsselbegriff** anlegen, der mit dem Problem zu tun hat. So hat jemand z.B. Zeit-Probleme und beginnt mit einem KaWa© zu »Zeit« zu denken. Einige Fallbeispiele (vgl. S. 56ff. und S. 71ff.) zeigen Ihnen, wie es geht. Das hat man in der Regel sehr schnell »drauf«, und zwar können Kinder ab ca. 8 Jahren bereits lernen, mit KaWa©.s zu denken ...

2. Wir können ein **Wissens-ABC©** anlegen. Bei Zeit-Problemen könnte einer solche Liste z.B. das Thema »Zeitdiebe« als Ausgangspunkt dienen. Diese könnte dann so aufschlußreiche Assoziationen enthalten wie zum Beispiel:

   A = Aufschieberitis

   B = Besprechungen und Konferenzen (Zeitkiller Nr. 1 in vielen Firmen)

   C = chronologisches »Abhaken« (von Vorgängen, statt nach Prioritäten zu sortieren)

   D = ... (etc.)

Das systematische Anlegen von **ABC**-Listen für Denk- und Merkvorgänge wie auch, um mithilfe solcher Listen neue Ideen zu generieren etc., ist Thema eines anderen Buches (*Das innere Archiv©*).

Auch diese Technik hat man sehr schnell im Griff, wenn man einmal begonnen hat, die Vorteile dieser Denkart zu goutieren.

3. Wir können eine **vorhandene** ABC-Liste konsultieren. Da es meinen Seminar-TeilnehmerInnen anfangs am schwersten fällt, zu begreifen, wie großartig dieses Herzstück von ABC-Kreativ© sich in der täglichen Praxis (beruflich wie privat) immer wieder bewährt hat, entstammen diesem Denk-Ansatz die meisten Fallbeispiele im Buch.

Es ist das Anliegen dieses Buches, Ihnen zu zeigen, wie das analografische Denken, insbesondere das Nachschlagen in einer ABC-Liste, uns helfen kann, aus einer gedanklichen Sackgasse herauszukommen.

8. ABC zu ABC-Kreativ©

Natürlich gehört zu einem Buch über die ABC-Kreativ-Methode auch ein eigenes Wissens-ABC. Bei meinen letzten Büchern habe ich immer eines angelegt, teilweise auch mit veröffentlicht (z.B. *Humor – an Ihrem Lachen soll man Sie erkennen*). Nachfolgend finden Sie mein ABC zu diesem Buch. Was bereits erklärt wurde, wird hier nicht noch einmal erläutert. (Der Hinweis auf die betreffenden Seitenzahlen hilft Ihnen, wenn Sie nicht mehr sicher sind bzw. wenn Sie hier hinten ins das Buch »einsteigen« wollen.) Aber natürlich gibt es eine Reihe von Gedankengängen, die bisher noch nicht »drangewesen« waren (z.B. »Camelot«, »Denk-Blockade«, »Suche nach Schlagzeile«, »Schlagwort oder Titel«); lassen Sie sich also überraschen.

A = ALTE GEDANKEN-Ver-BIND-ungen? (= assoziatives Denken)

Erinnerung

vgl. S. 17ff., S. 20, S. 86, S. 92

B = BISOZIATIVES DENKEN (= NEUE Ver-BIND-ungen)

Erinnerung

vgl. S. 17ff., S. 21ff.

C = CAMELOT-Effekt!

neu

Haben Sie sich schon einmal überlegt, wie es wäre, einen anderen Kopf »aufzusetzen«? Vielleicht möchten Sie folgendes Experiment ausprobieren. Es kostet Sie ca. 15 Minuten:

Schritt 1–6 (S. 123–125)

5 Minuten Vorbereitung (Schritt 1–5)
5 Minuten Durchführung (5 Min. ist Minimum)
5 Minuten Nacharbeit (Festhalten Ihrer Erfahrung)

1: Legen Sie einen Timer zurecht, der Ihnen 5 Minuten anzeigen kann, ohne daß Sie ständig

auf Ihre Uhr schielen müssen, sonst können Sie das kleine Experiment nicht durchführen: Sie müssen sich einige Minuten lang 100 % auf eine Doppel-Aufgabe konzentrieren können und haben keine Kapazität frei, um auf die Uhr zu achten.

Natürlich darf die Zeitspanne wesentlich länger sein, 5 Minuten ist das absolute Minimum und für Einsteiger in der Regel lang genug, um den Effekt zu sehen, den dieses Experiment Ihnen demonstrieren soll.

2: Bestimmen Sie ein Gebiet/Thema, mit dem Sie sich häufig »herumschlagen«, auf/bei dem Sie eigentlich gerne besser wären (z.B. eine Rede vorbereiten, kochen, einen Text, beruflich wie privat, schreiben ...). Tragen Sie Ihre Wahl hier ein:

3: Bestimmen Sie eine Aufgabe, der Sie sich 5 Minuten lang hochkonzentriert widmen werden.

4: Denken Sie an eine Person, die Ihnen auf diesem Gebiet (bei diesem Thema) ein Vorbild ist (sein könnte) und notieren Sie diese hier:

Schiene 1: **Haupt-Aufgabe**: die Übung mit dem »anderen Kopf« zu absolvieren, und gleichzeitig Schiene 2: **die Aufgabe**, der Sie sich in diesem Experiment stellen wollen.

5: Setzen Sie sich nun diesen »anderen Kopf« auf, indem Sie sich vorstellen, wie diese Person diese Aufgabe angehen würde. Es handelt sich also konkret um ein Rollenspiel! Arbeiten Sie während der Zeitspanne (mindestens 5 Minuten) mit jenem »fremden« Kopf. Konzentrieren Sie sich im Zweifelsfall mehr auf den Rollenspiel-Charakter (d.h. auf die Aufgabe, diesen »anderen Kopf« nicht zu »verlieren« und so zu denken/handeln, wie diese Person handeln könnte). Das ist der wichtigere Aspekt der Doppel-Aufgabe dieses Experiments: Tun Sie dies jetzt.

Falls Sie noch kein Journal besitzen (vgl. J, S. 136ff.), dann schreiben Sie sich einen »wichtigen Brief«, der Ihre Eindrücke so gut festhält, daß Sie in 40 Jahren noch wüßten, was Sie heute »gemeint« haben ...

6: Festhalten der Erfahrung – Erfahrungen, die wir nicht festhalten, können mit Traum-Fragmenten verglichen werden: sie verflüchtigen sich. Deshalb empfehle ich, wesentliche Erfahrungen (wie das Er-LEB-nis und Ergebnis eines Experimentes!) aufzuschreiben. Optimal als Journal-

Eintrag (vgl. *J*, S. 136ff.): Beschreiben Sie wie ein/e ForscherIn, was Sie gerade erlebt haben, ob das von Ihrer Erwartung abwich, wie zufrieden Sie mit Ihrem Ergebnis sind usw.

Ich entwickelte dieses Experiment, um den TeilnehmerInnen meiner Seminare einen Effekt zu demonstrieren, den ich in *Stroh im Kopf?* (ab 36. Auflage, Modul: »Das Paradox des Nicht-Ich«) vorstelle. Denn es haben doch einige LeserInnen Zweifel angemeldet, nach dem Motto: »Ich kann mir das nicht vorstellen ...« (im Klartext: sie glauben es nicht). Das ist sehr schade und bestätigt, was die Möwe Jonathan so schön sagt: »Glaube an Grenzen und sie gehören Dir«. Haben Sie genügend Courage? Wagen Sie es, probeweise einen »besseren« Kopf aufzusetzen, um alte Grenzen aus schmerzhaften Kindheitserlebnissen zu sprengen? (Wer beispielsweise regelmäßig im Rechenunterricht getadelt wurde, hat bald »gelernt«, er/sie könne das wohl nicht.) Durch das Rollenspiel »mit anderem Kopf« kann man es leichter wagen, eigene Grenzen zu er-WEIT-ern! Im Seminar spielen wir das Experiment einmal durch und alle merken bei der nachfolgenden Kleingruppen-Diskussion: Mindestens die Hälfte der Anwesenden berichtet schon nach dem ersten Versuch, daß sie einen Teil der Zeit (z.B. 2 oder 3 der 5 Minuten) in einen regelrechten kreativen Fluß geraten seien und in diesem Moment begriffen hätten, worum es in dem Experiment geht. Die Erfahrungen zeigen, daß spätestens beim dritten Versuch die meisten Menschen diese Erfahrung ebenfalls machen. Es ist unglaublich, bis man es selbst erlebt hat!

Nun muß ich nur noch erklären, warum ich diesen Effekt als »Camelot-Effekt« bezeichne. Der amerikanische Lern-Experte Win WENGER beschreibt eine Szene aus dem Musical *Camelot*: Der Zauberer Merlin steht mit seinem Schützling, dem jungen Artus (der später König von England wird) auf einem Feld. Über ihnen kreist ein Habicht. Merlin zu Artus: *Was sieht der Habicht, was der junge Artus nicht sieht?* Artus begibt sich gedanklich in den Geist des Habichts, er setzt sich quasi den Kopf des

Leider gibt es im Deutschen nur ein Buch von ihm: *Der Einstein-Faktor.*

Habichts auf und denkt nach: Normalerweise waren damals tausende von kleinen englischen Grafschaften untereinander spinnefeind, jedes Dorf war von Gegnern umgeben und häufige Kämpfe waren normal. Aber aus der Vogelperspektive (mit den Augen des Habichts) »sah« der junge Artus zum ersten Mal, daß es keinerlei feindliche Linien in der Natur gab, und er begriff, sie waren politisch. Durch diese Einsichten reifte in ihm der Wunsch, England später zu vereinen (was er als König auch tat). Soweit die Sage, im Musical *Camelot* nacherzählt.

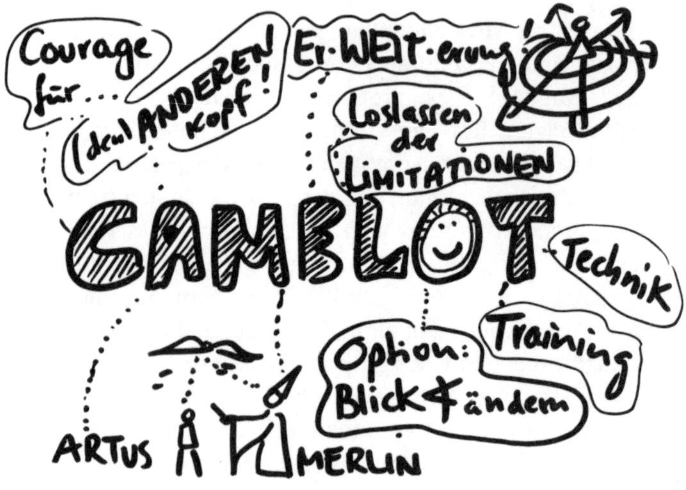

So kann Camelot zum »Griff« für den Gedanken werden (vgl. auch **S**, S. 149 ff.), aber es ist auch eine wunderbare Metapher (vgl. **M**, S. 141ff.) für diesen Effekt. Das KaWa© zeigt die Aspekte, die diese Metapher hervorhebt.

Auch andere Autoren berichten über diese Technik, z.B. Tim GALLWEY (*Tennis, das innere Spiel*), der seinen Schülern rät, so Tennis zu spielen wie ein Tennis-Star, den man besonders bewundert. Auch die beiden amerikanischen Journalistinnen, die einst »Superlearning« (Suggestopädie) im Westen bekannt gemacht hatten, OSTRANDER/SCHROEDER, berichten in ihrem neueren Buch (*Super Memory*) von dem Trick, einen anderen

Kopf aufzusetzen. (In *Stroh im Kopf?*) finden Sie bereits folgendes Zitat aus diesem Buch:

> Ein englischer Professor, Dr. Robert HARTLEY, hatte als Schulrektor seinen Langsamlernern diese Technik gezeigt: »Stellt euch jemanden vor, den ihr kennt und der sehr gescheit ist. Stellt euch vor, ihr wäret diese Person. Ich möchte, daß ihr den (anschließenden) Test so macht, wie ihn diese Person machen würde.« Die Ergebnisse öffneten den Kindern die Augen, denn sie erzielten Noten, die sich mit jenen der besten Schüler messen konnten. (...) Die Kinder hatten sich vorgestellt, klug zu sein, und waren klug geworden. Bei manch einem der Kinder überstieg dies das (eigene) Fassungsvermögen. »War ich gar nicht«, protestierte ein Junge. »Das hat der gescheite X. gemacht!«

Probieren Sie dies bald mit einer Tätigkeit aus, die Sie tatsächlich durchführen (im Gegensatz zum Experiment, oben). Es funktioniert besonders gut, wenn Sie Ihre Kreativitität erhöhen wollen – immer vorausgesetzt, Sie haben (zum jeweiligen Thema) genügend Fäden im Wissens-Netz, um frei-assoziativ denken zu können, damit Ihr neuer (kreativerer) »anderer Kopf« genügend Fäden vorfindet, die er verknüpfen kann...

Wann werden Sie den Camelot-Effekt testen?

D = DENK-BLOCKADE? ! (Dialog: Bleistift zu Kaffeetasse)

neu

Angenommen Sie sollen einen Text schreiben. Ob es sich dabei um einen Brief (privat oder geschäftlich) handelt, um einen firmeninternen Bericht, einen Artikel oder ein Kapitel eines Buches – immer gilt: Wenn uns absolut nichts einfallen will, dann warten viele Leute darauf, daß die Muse sie küßt und das kann tage- oder wochenlang dauern. Geniale Leute aber gehen anders vor (vgl. auch **G**, S. 131f.), deshalb handeln sie. Wenn Sie eine Schreib-Blockade erleiden, dann müssen Sie paradoxerweise schreiben, nur liegt das Geheimnis darin, mit etwas anderem zu beginnen. So schrieb John STEINBECK täglich einen Journal-Beitrag (s. auch **J**, S. 136ff.), in dem er mit einer Tages-Aktualität begann und sich graduell zum Thema des heute geplanten Roman-Abschnitts hintastet. Dieser Trick, etwas anderes zu schreiben, wurde von einer amerikanischen Autorin zu einer Technik entwickelt, die mir sehr imponiert und seit vielen Jahren exzellente Dienste erwiesen hat.

Leider weiß ich ihren Namen nicht. Es handelte sich um den Beitrag einer Leserin in einer Fachzeitschrift für Autoren, die ich seit 1969 lese (Writer`s Digest); dort erschien ihr Name in Form eines Kürzels (»Mary S. aus Wichita«).

Hier ist ihr Vorschlag: Schreiben Sie einen Dialog, dessen Ausgangsbasis das Thema ist, zu dem Ihnen gerade nichts einfällt. So könnte Ihr Bleistift mit dem Papier reden, auf das er schreibt; oder Ihr Füller mit Ihrer Kaffeetasse bzw. Ihre Finger (auf der PC-Tastatur) mit dem Bildschirm, auf den Sie starren. Die beiden »unterhalten sich« über das Thema. Nehmen wir an, Sie müssen einen Beitrag für eine medizinische Fachzeitschrift abliefern, Sie sind spät dran, weil Sie es schon mehrmals auf die lange Bank geschoben hatten und nun droht der Termin und Sie müssen heute anfangen, trotz Schreib-Blockade. Dann könnte Ihr Dialog z.B. so aussehen:

BLEISTIFT	Hach, mir fällt heute aber auch gaaaaaaaaar nichts ein.
KAFFEETASSE	Worüber sollst du denn schreiben?
BLEISTIFT	Über Peyton ROUS.
KAFFEETASSE	Und wer soll das sein?
BLEISTIFT	Der Entdecker onkogener Viren.
KAFFEETASSE	Häh? Wass'n das?
BLEISTIFT	Viren, die Krebs auslösen.
KAFFEETASSE	Ha ha, weiß doch jeder, das es keine Krebsviren gibt.
BLEISTIFT	Ja, das dachten damals alle, aber ROUS bekam später den Nobelpreis für seine bahnbrechende Arbeit ...

Und schon sind Sie mitten im Thema »drin«. Sie können es gar nicht verhindern! Noch ein Beispiel gefällig?

BLEISTIFT	Also, eigentlich sollte ich ja jetzt den LOMBROSO-Artikel schreiben ...
KAFFEETASSE	Ich dachte, du wolltest dich über KRETSCHMER und LANGE-EICHBAUM auslassen?

BLEISTIFT	Na ja, das gehört sozusagen zusammen.
KAFFEETASSE	Wieso?
BLEISTIFT	Weil LOMBROSO ca. 1860 einige Artikel verfaßt hat, in denen er Genie und Irrsinn verheiratete und KRETSCHMER und LANGE-EICHBAUM diesen Ansatz später weiterführten.
KAFFEETASSE	Also liegen Genie und Irrsinn nahe beieinander?
BLEISTIFT	Eben nicht!
KAFFEETASSE	Wieso denn jetzt nicht?
BLEISTIFT	Weil der ungarische Forscher Géza RÉVÉSZ dieser Hypothese 1952 den Todesstoß versetzt hat. Mit seinem Buch *Talent und Genie* bewies er, daß der Zusammenhang statistisch nicht signifikant ist.
KAFFEETASSE	Aha, das ist ja richtig spannend!
BLEISTIFT	Finde ich auch ...

Und schon sind Sie wieder mittendrin! Es geht nicht anders ...

Der Grund, warum diese geniale Technik so gut funktioniert, ist einfach nachzuvollziehen: Indem Sie über Ihr Thema in einer Art nachdenken, als müßten Sie es jemandem erklären, der Null Ahnung hat, beginnen Sie mit Ihrer metaphorischen Taschenlampe in Ihrem Wissens-Netz »herumzuleuchten« und einzelne Wissens-Fäden zu aktivieren. Diese aber sind mit vielen weiteren Ideen, Gedanken, Informationen ver-BUND-en und so beginnen Ihre Gedanken in kürzester Zeit zu fließen!

E = Evolution von Gedanken!

neu

Wenn Sie ein Problem ernsthaft» durchdenken« wollen, wenn Sie also eine regelrechte Gedanken-Entwicklung (= Evolution) auslösen wollen, die mit der Zeit zu ganz neuen Ideen führt, dann nutzen Sie die folgenden Ergebnisse der Gehirnforschung:

1. Denken ist assoziativ, das heißt, jede Wahrnehmung (jeder Gedanke) löst weitere Gedanken aus. Wer also unter dem Symptom »keine Ideen« leidet, darf nicht warten (s. **D** = Denk-Blockade), sondern muß beginnen zu denken.
2. Jedesmal, wenn Sie einen Gedankengang beginnen, starten Sie »oberflächlich«, erst nach einer Weile dringen Sie zu tieferen Schichten vor. Deshalb lohnt es sich länger bzw. mehrmals zum selben Thema nachzudenken, bis Sie tiefere Schichten Ihres Geistes »erreichen«. Zu diesem Zweck kann es sehr hilfreich sein, mehrere ABC-Listen anzulegen, z.B. mehrere Tage lang früh

und abends je eine. Wer einmal damit begonnen hat weiß, daß dies zwischen 90 Sekunden und 3 Minuten Zeit »kostet«, es kann also keine Zeitfrage sein! Durch das regelmäßige ABC-Listen-Schreiben zu bestimmten Themen signalisieren Sie Ihrem Unbewußten Ihr Interesse; deshalb gibt es von Tag zu Tag mehr Assoziationen »frei«. Testen Sie es, der Effekt ist verblüffend!

3. Eine Möglichkeit, faszinierende neue Gedanken-Ketten auszulösen, sind absurde Fragen. Dies basiert auf dem interessanten Prinzip, daß jede Frage prinzipiell einen Antwort-Reflex auslöst (s. auch **F**).

4. Wenn wir in einzelnen Wörtern denken, entstehen vollkommen andere Assoziations-Ketten als beim Denken in ganzen Sätzen. Das stellten FREUD und JUNG fest und ließen ihre Klienten spontan auf Stichwörter reagieren, aber sie durften keine Sätze sagen sondern nur einzelne Begriffe. Auf »Tanz« konnte man z.B. »Musik« sagen, »Rhythmus« oder »Gefahr«, wobei letzteres ein interessantes Indiz dafür sein konnte, daß dieser Mensch einmal gelernt hatte, Tanzen mit Gefahr zu verbinden ... Auch bei Alltags-Problemen ist dies eine hilfreiche Technik, die sowohl unsere Standard-Ideen als auch »oberflächliche« Lippenbekenntnisse (wie hätten Sie es denn gern?) vermeidet. Wenn Sie ABC-Listen schreiben/konsultieren, dann nützen Sie diesen Einzelwort-Vorteil!

Erinnerung

F = FRAGEN STELLEN

EINSTEIN stellte absurde Fragen (was wäre, wenn jemand mit dem Lichtstrahl mitreisen könnte?) regelmäßig und verdankte ihnen einige seiner wichtigsten Gedanken-Evolutions-Prozesse!

Jede ge-ZIEL-te Fragestellung löst erstens einen Antwort-Reflex aus und zweitens spezifische Denk-Prozesse. Somit gleicht die ge-ZIEL-te Frage einem gebündelten, hellen Such-Scheinwerfer (im Gegensatz zu einem diffusen Licht), weshalb sie weit mehr »Ausbeute« bringt, als gedankliche »Aussagen« oder schwache, eher allgemein gehaltene Fragen (bzw. Problem-Formulierungen). Dieser Prozeß wird durch Wissens-ABC©.s ausgenützt. Das ist einer der Gründe, warum die in diesem Buch vorgestellten ABC-Denk-Techniken so gut »funktionieren«! Wenn Sie nämlich ein Problem im Kopf »jonglieren«, während Sie eine ABC-Liste konsultieren, fragen Sie immer ge-ZIEL-t, wie Sie beide (Problem und Stichwort aus der Liste) ver-BIND-en können, und dadurch entstehen vollautomatisch außergewöhnliche Gedankengänge (sog. kreatives Denken).

Wenn Sie es wagen, absurde Fragen zu stellen, dann kann keine Null-Acht-Fünfzehn-Antwort aus Ihrem Alltags-Repertoire (für Fast-Food-Antworten) ausgelöst werden. Also muß Ihr Hirn »neu« denken. Beispiel: Fragen Sie sich einmal, was passiert, wenn das Bier den Trinker trinken würde (wobei gerade verrückte Was-wäre-wenn ...?-Fragen besonders erfolgreich sind).

G = GENIES – DENKEN DIE ANDERS?!

neu

Wie entstehen geniale Gedanken (bzw. wie arbeiten/denken Genies)? Dabei werden immer wieder jede Menge weitverbreiteter aber falscher Annahmen geäußert, so z.B. die Idee, daß kreative Typen so herumsäßen, bis der Blitz der Erleuchtung in ihrem Hirn einschlägt oder so ähnlich. Vergleichen Sie, was Sie darüber denken mit folgendem Zitat von Steve PINKER, der uns zeigt, daß »geniales« Denken eigentlich normal-menschlich ist, nur mit einem kleinen Unterschied:

Steve PINKER: *Wie das Denken im Kopf entsteht*

> Historiker haben (die) Tagebücher, Notizen, Manuskripte und Briefe besonders kreativer Autoren, Künstler und Wissenschaftler durchforstet und nach Anzeichen für den übersensiblen Seher gesucht, der in regelmäßigen Abständen von Blitzen aus dem Reich des Unbewußten erleuchtet wird. Doch (...) sie haben nur herausgefunden, daß das schöpferische Genie mehr ein SALIERI (s. Rand) denn ein Amadeus ist. **Genies sind fleißig. Das typische Genie bezahlt mindestens zehn Jahre Lehrgeld**, bevor es etwas leistet, das bleibenden Wert hat. (...) **Während ihrer Lehrjahre vertiefen sich die Genies in ihr Fach.** Sie saugen 10.000e Probleme und Lösungen in sich auf, so daß keine Herausforderung völlig neu ist und sie **auf ein riesiges Repertoire** an Strategien **zurückgreifen** können. (...) Sie arbeiten Tag und Nacht und hinterlassen uns viele

SALIERI, Antonio, 1750–1825, italienischer Komponist und Kapellmeister. Lehrer u.a. von BEETHOVEN, SCHUBERT, LISZT. Heute erinnert man sich weniger seiner Musik als vielmehr seiner Intrigen gegen Mozart. Mozart komponierte schon mit acht Jahren Sinfonien, aber sie waren nicht sehr gut; sein erstes Meisterwerk vollbrachte er im zwölften Jahr seiner Karriere (PINKER).

Vgl. H (HERAUS-forderung) unten.

> Werke, die keinen Genie-Status haben. (…) Sie schieben ein Problem nicht beiseite, sondern sie vertiefen sich in »kreatives Grübeln«, und die Erleuchtung ist keine einmalige Meistertat, sondern die ausgefeilte Version eines früheren Versuchs. Sie nehmen **unermüdlich Korrekturen** vor. (…) Sie sind keine Monster, deren Gehirne sich grundlegend von unseren unterscheiden (…) Das Genie bringt gute Ideen hervor, weil wir alle gute Ideen hervorbringen. Dafür ist unser kombinatorischer Geist gemacht. Das Genie TRAINIERT (jedoch) mehr und hat daher ein **weit besseres REPERTOIRE** aufgebaut.

Also: Gibt es (mindestens) ein Gebiet, auf dem Sie besonders viele Wissensfäden in Ihrem Wissens-Netz angelegt haben ...

- ☐ zu dem Sie regelmäßig Wissens-ABC.s anlegen?
- ☐ zu dem Sie (wie PINKER es beschreibt) bereits viele Probleme und Lösungen gesammelt haben? (vgl. auch Besprechung der 3. Frage des Eingangs-Quiz in diesem Buch-Seminar, S. 11)
- ☐ Gibt es Fragen, über die Sie regelmäßig nachdenken?
- ☐ über die Sie mit vielen Menschen sprechen?
- ☐ über die Sie viel und/oder häufig lesen, fernsehen, Radio oder Kassetten hören?

Dann ist das (mindestens) ein Gebiet, auf dem **auch Sie** zu **genialen Gedanken** fähig wären. Sie sehen, es hängt nicht von den Genen, sondern vom **Repertoire** ab! Dieses aber muß man erwerben ... Ich wünsche Ihnen viele genial Einfälle.

neu

H = HERAUS-Forderung!

Wenn Sie beginnen, die in diesem Buch vorgestellten Techniken praktisch anzuwenden, werden Sie bald feststellen: Ungewöhnliche Probleme sind echte HERAUS-Forderungen. Nehmen Sie das Wort bitte wörtlich: HERAUS-Forderungen zwingen uns, altbekannte Denk- und Verhaltens-Rillen zu verlassen, sonst hieße es ja »HINEIN-Forderung«! Dabei helfen uns »mechanisch« erzeugte BISOZIATIONEN (vgl. Seite 17 ff.), die durch Ver-BIND-ung unserer Problemstellung mit einem (oder mehreren) Wort(en) in (einer) ABC-Liste(n) entstehen, alte Denk-Wege zu verlassen. Allerdings müssen wir genügend wissen, um dann in der NEUEN Gedanken-Bahn weiterdenken zu können. Deshalb nützen Ihnen letztlich eigene Listen am meisten, außer Sie konsultieren die Liste eines Beraters, der Ihnen seine Assoziationen anbietet, wo Sie nicht genügend entwickeln können. Aber wenn Sie alleine nachdenken gilt: Je mehr Wissens-Fäden Sie zu einem Begriff in Ihrem Wissens-Netz besitzen, desto mehr Ver-BIND-ungen mit tausenden weiterer Fäden existieren und desto mehr Assoziationen können Ihnen demzufolge schnell und leicht »einfallen«. Eigentlich sollten wir jedoch nicht »einfallen« sagen, sondern zufallen (welch ein Zufall: Je mehr man weiß, desto mehr kann einem einfallen! Hmmmm ...).

I = INNOVATIVES Denken?

Erinnerung

Insbesondere die Beispiele Nr. 7 (S. 59ff.), Nr. 8 (S. 61ff.) und Nr. 9 (S. 63ff.), 14 (S. 76ff.), 16 (S. 80ff.) und 17 (S. 83) zeigen, wie durch ABC-Kreativ© ganz außergewöhnliche, völlig neue Wege gefunden wurden! Eine weitere Variante innovativen Denkens finden Sie unten (unter **S**, Seite 149ff.).

intelligent + neu!!
ORIEN-TIERUNG
neue
INNOV
außer-gewöhn-lich

durch
TRAINING
ORIGINELL
NICHT
"normal"
PIRATION

neu

J = JOURNAL SCHREIBEN

In *Das große Analograffiti-Buch* stelle ich die Frage: »Welches Objekt und welche Technik vereint KünstlerInnen, WissenschaftlerInnen, und SchriftstellerInnen?« Was würden Sie annehmen?

Nun die Antwort ist einfach: es ist Schreibzeug (eine Kladde, ein Journal, ein Ringbuch, ein Handheld bzw. ein Palmtop oder eine andere Mini-Computer-Version). Egal wie altmodisch oder modern, sie alle benutzen Schreibzeug. Sie kritzeln, schreiben, zeichnen häufig (regelmäßig) in ihre Kladde, ein Heft oder ihren kleinen Portablen.

Künstler, Wissenschaftler, Autoren skizzieren Wahrnehmungen und (erste) Eindrücke, Gedanken, Fragen, Schlußfolgerungen, d.h. sie halten fest, was sie sehen, hören, denken, während der Laie meint, es gälte nur etwas zu notieren, wenn man eine Idee habe. Übrigens klagen viele Leute: *Ich hab immer keine Ideen.* Aber wenn Sie die Ideen nicht aufschreiben, dann erleben Sie dasselbe wie mit Ihren Träumen. Da haben Sie eine brillante Idee und sagen: *Das merke ich mir.* Aber 15 Sekunden später ist es bereits verblaßt und eine Minute später sagen Sie: *Ich hatte eine tolle Idee vorhin, tolle Idee ...* Es ist wie bei den genialen Denkern (s. auch **G**, S. 131f.). Merke:

Was man uns in der Schule leider nicht beigebracht hat ist, wie man Gedankengänge entwickelt und pflegt. Ebenfalls deutet es an, was uns die Schule auch nicht lehrt, z.B. wie man lernt, sauber zu recherchieren, kreativ zu denken usw.

KünstlerInnen, **Wissenschaftler**Innen, **Schriftsteller**Innen und alle, die ähnlich vorgehen, verlieren weit weniger (gute) Ideen als NormalbürgerInnen.

Warum ist das Notieren soooooo wichtig?

Wenn Sie **alles**, was Sie wahrnehmen, denken und erleben als permanente Erinnerung speichern müßten, dann wären Sie in der Klapsmühle. Beispiel: Sie sehen fern.

Aus den Augenwinkeln registrieren Sie, was Ihre Katze gerade anstellt. Sie sehen weiter fern und erleben, wie eine Türe geöffnet wird und eine ältere Dame davorsteht. Da fällt Ihnen Tante Erna ein und daß Sie ja bald kommen wird. Man muß unbedingt koffeinfreien Kaffee einkaufen. *(Das merke ich mir!)* Es juckt an der Nase, Sie kratzen, während Sie weiter fernsehen. Und so geht es weiter. Woran wollen Sie sich später erinnern (müssen)? Daß Sie ein Jucken verspürten? Den Inhalt dessen, was Sie gerade gehört haben? Werden Sie sich an den koffeinfreien Kaffee erinnern, wenn Sie ihn nicht notiert hatten?

Wenn wir also sichergehen wollen, daß ein bestimmter Gedanke nicht nur ein Durchlaufposten bleibt, dann müssen wir ihn ein-B I N D E N, d.h. mit unserem Wissens-Netz ver-B I N D-en, z.B. indem wir ihn aufschreiben. Minimum (wenn wir alleine sind) ist eine kurze Notiz (gern auch in den Rand des Buches, das wir gerade lesen). Natürlich gibt es weitere Möglichkeiten:

- wir können mit anderen darüber reden,
- wir können Zusatzinformationen nachschlagen,
- wir können eine Skizze anfertigen (oder Bilder aus Illustrierten oder Bild-Archiven heraussuchen, die das Thema illustrieren),
- wir können zu einem Schlüsselwort ein Wissens-ABC© anlegen, z.B. während wir lesen, und zwar über das Gelesene bzw. über Dinge, die uns beim Lesen eingefallen sind.

(Mehr Details hierzu finden Sie in *Das große Analograffiti-Buch.*

K = KÖNNEN führt zu KOMPETENZ

Erinnerung

Zwar liegt der Schwerpunkt dieses Buch-Seminars auf der kreativen Problem-Lösung, aber auch hier gilt: Jedes Verhalten wird durch Training besser (weil Sie neue Nerven-Bahnen entwickeln (vgl. auch **G**, S. 107 f.). Dies gilt sowohl für das (wiederholte, vertiefende) Nachdenken über Probleme als auch für jede vorgestellte Technik (vom Erstellen einer ABC-Liste über das Konsultieren von Listen, wobei das anschließende freie Assoziieren

MEISTER
Können!

Ziel!
ENT-
WICKLUNG
Neigungen
(eigene)

eingangs so langsam ablaufen kann, daß manche den Mut verlieren. Bitte bedenken Sie: Was ungewohnt ist, wirkt »fremd« und »ungut«, weil die nötigen Nervenbahnen noch fehlen. Versuchen Sie einmal, Ihre Jacke »anders herum« anzuziehen (mit dem anderen als dem gewohnten Arm zuerst in den Ärmel fahren) und erleben Sie das unangenehme Gefühl ganz bewußt. So fühlen sich alle ungewohnten Tätigkeiten an, ehe wir neue neuronale Bahnen anlegen. Deshalb: Eingangs bitte bewußt gaaaaaaaaaaanz langsam vorgehen, langsamer als Sie könnten, sozusagen in einer Super-Zeitlupe! Auf diese Weise hat Ihr Gehirn mehr Zeit, sowohl die Nervenbahnen anzulegen als auch mit einem Ergebnis »aufzuwarten« (vgl. auch das Basis-Buch zu gehirn-gerechtem Arbeiten: *Stroh im Kopf?*)

neu

L = LIMITATION macht kreativ! !

Dies dürfte übrigens ein Grund sein, warum manche Menschen so gerne Kreuzworträtsel-Raten, es löst in Ihnen ähnliche Gefühle aus, wie das kreative Denken. Da wir uns immer wohl fühlen, wenn wir gehirn-gerecht vorgehen (d.h. die Arbeitsweise unseres Gehirns optimal nutzen), gehen solche Aufgaben mit Freude-Gefühlen einher.

Rollo MAY (vgl. S. 119f.) wies vor Jahrzehnten bereits nach, daß sich das Kreative aus der Limitierung speist (vgl. Kriegszeiten!). Er zeigte auch, daß Denken, das durch bestimmte Spielregeln eingeschränkt wird, mehr Ideen hervorbringt als völlig freies Denken; ich nenne das den Kreuzworträtsel-Effekt.

Das erklärt auch, warum sich die Forschung früher jahrhundertelang innerhalb der Kirche abspielte: man mußte sich sehr genau an ziemlich enge Spielregeln halten, wollte man nicht als Ketzer auf dem Scheiterhaufen landen, wie Giordano BRUNO (einer der größten klerikalen Wissenschaftler, die die Kirche je verbrannte)! Heute bieten akademische Organisationen ein ähnlich rigides Gerüst und wehe dem Forscher, der es wagt, eingetretene Pfade zu verlassen, sprich: die Spielregeln der Akademia zu brechen.

Ein tolles, spannendes und immens lesenwertes Buch hierzu ist Frederico DiTROCCHIO: *Newtons Koffer – Geniale Außenseiter,*

Daraus ergibt sich ein faszinierendes Paradoxon: Einerseits wird unser Denken kreativer, wenn wir gemäß gewisser Spielregeln vorgehen (z.B.: »alphabetisch« denken), aber diese Regeln haben wir selbst akzeptiert. Kommen hingegen andere Menschen mit ihren kreativen

Ideen »daher«, die irgendeinen spezifischen Denkrahmen in unserem Kopf sprengen, dann sind wir (vor-) schnell bereit, abzulehnen, abzuwehren etc. Ich habe z.B. versucht, in den Jahren 1974–1977 über 1800 LehrerInnen zum gehirn-gerechten Lernen und Lehren hinzuführen und stieß auf (teilweise erbitterte) Ablehnung. Heute (eine Generation später) beginnen immer mehr LehrerInnen aus den alten Bahnen auszubrechen, aber sie tun es freiwillig, während ich damals mit Gruppen arbeitete, denen das Seminar »verordnet« worden war.

Auch das beinhaltet eine wichtige Lektion, falls Sie dazu neigen, anderen Ihre guten Ideen anzubieten und verletzt sind, wenn man sie nicht haben will. Besser ist es, jene Menschen selbst »entdecken« zu lassen, wo immer dies möglich ist.

die die Wissenschaft blamierten, 1998. Er zeigt, wie die offizielle »Wissenschaft « einige Forscher in den Selbstmord trieb, wie manche »Spinner« Jahre oder Jahrzehnte später den Nobelpreis verliehen bekamen und wie schwer Forscher sich tun, über ihren Tellerrand hinauszusehen.

M = Metaphern als Wahrnehmungsorgane!

neu

Neil POSTMAN (dessen Bücher ich extrem empfehlenswert finde) erklärt (in *Keine Götter mehr – das Ende der Erziehung*): Wir können uns Metaphern als Wahrnehmungsorgane vorstellen.

Versuchen wir einmal, unsere berufliche oder private Situation metaphorisch zu formulieren. Angenommen, wir suchen eine Metapher für unser Leben, dann könnten wir unsere assoziativen »Säfte« mit: »Das Leben ist wie ein ...?« zum Fließen bringen. Dies löst automatisch Ideen aus, die wie aus dem Nichts »auftauchen«, z.B. ... wie ein Fluß, ... wie eine Ausbildung, ... wie eine Theateraufführung, ... wie eine Ferienreise oder ... wie ein Karussell. Nun könnten wir weiterfragen: »Warum (das)?«, z.B. »Warum wie ein Karussell?« und den Antworten »lauschen«, die wiederum in uns aufsteigen. Eine Kleingruppe im Seminar:

Metapher leitet sich vom Griechischen her: metapherein = hinübertragen; also »tragen« wir die Bedeutung einer Sache »hinüber«7 zu einer anderen. Wenn wir vom Fluß-ARM sprechen (oder vom Berg-RÜCKEN), das sind einfache Metaphern.

Das Leben ist ein Karussell,

a) weil jede Runde mehr vom selben ist,
b) weil es am meisten Spaß macht, wenn ein anderer die Karten bezahlt,

Zum einen hebt sie manche Aspekte einer Sache hervor, aber andere Aspekte werden durch die Metapher unterdrückt, ausgelassen, weggefiltert. Metaphorisches Denken kann um so hilfreicher sein, je klarer wir uns darüber klar sind, daß jede Metapher (und jede Erklärung für Metaphern) unsere Wahrnehmungen und Deutungen dessen, was wir wahrnehmen, dramatisch verändern kann.

c) weil man in jeder Runde ein anderes Tier (den hohen Hals der Giraffe, den sicheren breiten Löwenrücken) einnehmen kann,

d) weil alles immer in Bewegung ist.

Fragen an Sie:

1. Welche weiteren Erklärungen fallen Ihnen spontan ein?
2. Wollen Sie Ihre ersten Assoziationen aufschreiben?

Solche Denk-Übungen helfen uns, eine Menge darüber zu erfahren, wie wir gewisse Dinge »sehen«, eben deshalb spricht POSTMAN ja von der Metapher als Wahrnehmungsorgan (was ebenfalls eine Metapher ist!). Denken Sie z.B., das Leben sei (wie) ein Karussell, weil alles immer gleich ist (a), dann werden Sie durch das Langeweile-Wahrnehmungsorgan wohl kaum viel Faszinierendes im Leben entdecken können. »Sehen« Sie das Leben hingegen als Karussell, weil alles immer in Bewegung ist (b), dann werden Sie durch dieses Wahrnehmungsorgan eine ganz andere Welt wahrnehmen.

Allerdings müssen wir uns über eines im klaren sein: Im ersten Ansatz »sehen« wir an der Metapher vor allem, was sie betont, hervorhebt, unterstreicht oder besonders ver-deutlich-t. Aber Andrew GOATLY wies darauf hin, daß jeder Metapher eine Doppelfunktion innewohnt:

Je mehr Metaphern wir für wichtige Themen unseres Lebens erfinden und gedanklich weiterentwickeln, desto REICH-haltiger unsere Wahrnehmungen und desto differenzierter werden unsere Deutungen des Wahrgenommenen. Je mehr Metaphern wir für diesselben (Aspekte von) Situationen suchen, desto umfassender wird unsere Betrachtungsweise und desto vielfältiger sind mögliche Einsichten, die wir gewinnen können. Fazit:

1. Wenn wir begreifen, daß die meisten Beschreibungen von Wirklichkeit (von Forschungsergebnissen über Situationen und Fragestellungen bis hin zu Problemen, die wir lösen wollen) metaphorische Aspekte haben, dann können wir sowohl unseren Blickwinkel als auch unsere Chancen für Lösungen dramatisch erweitern.

Man kann sie gerne auch unterwegs, an der Kasse im Supermarkt, an der roten Ampel oder beim Gassigehen durchführen!

2. Je häufiger wir das Bilden von Metaphern (im Trockendock) trainieren, desto besser werden wir diese Fertigkeit beherrschen, so daß wir sie auch konkret zum Lösen von Problemen heranziehen können, weil wir unser Kompetenz-Niveau rechtzeitig erhöht haben (vgl. **G**, S. 131f.). Dazu dienen Übungen wie die folgende, wobei Sie jedes Beispiel viele Male angehen sollten. Manchmal schriftlich, manchmal im Kopf (s. Randspalte).

- Das Leben ist wie ein ...? Warum? Weil ...
- Meine Arbeit ist wie ein ...? Warum? Weil ...
- Meine Partnerschaft ist wie ein ...? Warum? Weil ...
- Meine Freundschaft (mit ...) ist wie ein ...? Warum? Weil ...

Wenn Sie eine ABC-Liste konsultieren, dann kann jede der möglichen Ver-BIND-ungen, die Sie zwischen Problem und gefundenem Begriff wahrnehmen, immer »real« oder metaphorisch genutzt werden. Angenommen Sie quälen sich mit einem leeren Geldbeutel herum und Sie schauen in einer ABC-Liste nach ... z.B.

- Sie stoßen auf den Begriff Gepard und versuchen jetzt einen metaphorischen Gepard in Ihre Problemstellung zu integrieren. Vielleicht fällt Ihnen ein, daß der Gepard das schnellste Tier der Welt ist – welche Assoziationen löst das in Ihnen aus? Vielleicht, wie schnell Sie Ihr Geld immer ausgeben? Vielleicht so schnell, daß Sie gar nichts mehr sparen können? Also wie könnten Sie das Sparen mit dem Gepard ver-BIND-en, statt des Ausgebens des Geldes ...?
- Sie finden in der ABC-Liste das Wort »Gau« und ver-BIND-en diesen Angst-Begriff mit Ihrem Problem. Was ist Ihr persönlicher Finanz-Gau? Vielleicht Ihre Tendenz, spontan und schnell Dinge zu kaufen, die Ihnen gefallen – auch wenn Sie später feststellen, daß Sie diese so gut wie nie mehr brauchen...? Nun könnte dies Sie auf einen ganz anderen Lösungs-Ansatz bringen, bei dem es darum geht, die Spontankäufe zu verhindern ...

HINAUS-
WERFEN
(s.Text)

ob...
ANALOGIE!
HERVOR-
HEBEN
ASPEKTE

- Sie lesen »Golf« und denken an den Wind namens Golf? Was tut der metaphorische Wind in Ihrem Geldbeutel? Er weht das Geld fort, aus dem Geldbeutel hinaus, nicht wahr? Also könnte Ihnen der metaphorische Wind die Lektion erteilen, weniger Bargeld dabeizuhaben ...

Sie sehen, wie leicht unsere Gedanken neue Ver-BIND-ungen finden, wenn wir uns fragen, welche Metapher sich hinter einem Begriff (in Bezug auf unsere Problemstellung) verstecken könnte...

Erinnerung

N = Nachschlagen (= das Konsultieren von ABC-Listen)

Vgl. S. 46, S. 48f., S. 50, S. 57, S. 60, S. 62, S. 64, S. 68, S. 69, S. 71, S. 73, S. 76, S. 78, S. 80, S. 85. Auch das Nachlagen in anderen Listen ist möglich, z.B. Stichwort-Verzeichnisse in Fachliteratur, Wörterbücher, Lexika etc.

Erinnerung

O = OFT

Beispiele für Wort-KaWa©.s S. 9, S. 24, S. 35, S. 40, S. 146, S. 149, S. 176

Beispiele für ABC-Listen S. 41, S. 49, S. 53, S. 135ff.

Wir haben zwei Arten von KaWa©.s kennengelernt. Zum einen können wir ein normales Wort-KaWa© anlegen und Assoziationen zu den Buchstaben eines Schlüsselbegriffs unseres Themas suchen.

Zum anderen können wir die KaWa©-Sonderform der ABC-Liste wählen und unser Wissens-Netz zu jedem Buchstaben des Alphabetes Assoziationen »befragen«.

Auf S. 24 stellten wir bereits fest, daß Assoziationen immer alte Ideen- & Gedankenverbindungen aus unserer Vergangenheit darstellen, während die Bisoziation ja immer eine erste (neue) Verbindung zweier Ideen ist, die normalerweise nicht verbundenworden wären (vgl. Denk-Wolken-Bild, S. 25f.) An dieser Stelle möchte ich eine Ergänzung vornehmen und Ihr Augenmerk auf einen weiteren wichtigen Aspekt lenken, nämlich den: Jedes KaWa© stellt immer eine INVENTUR dar; eine Art seelischer Schnappschuß darüber, wie vertraut uns bestimmte Gedankengänge sind.

Wer zum allerersten Mal über eine Sache nachdenkt, mag noch keine reiche Ausbeute erhalten. Wenn Sie aber OFT über ein Thema nachgedacht haben, erhöht sich Ihre Ausbeute zweifach: Zum einen »finden« sie mehr Assoziationen (Ideen, Möglichkeiten, Lösungen etc.) und zum anderen tauchen diese schneller auf. Sie kennen den Stadt-Land-Fluß-Effekt: Je öfter Sie das Spiel erlebt haben, desto schneller fallen Ihnen auch mehr Städte, Länder, Flüsse auf. Nur – das Prinzip gilt bei jedem Thema genauso. Deshalb ist OFT ein ganz wichtiger Begriff für alle, die Ihr REPERTOIRE (vgl. S. 132 und S. 148) er-WEIT-ern wollen.

Mehr hierzu finden Sie sowohl in *Das große Analograffiti-Buch* als auch in *Das innere Archiv©* (vgl. Literaturverzeichnis)

Erinnerung

P = PARADOX

Alle Ansätze in diesem Buch können Ihnen helfen, Ihren Einflußbereich (neudeutsch: Ihre persönliche Power) zu vergrößern. Jedes Problem, das nicht gleich gelöst werden kann, geht mit unangehmen Gefühlen einher (von Frust über Ärger bis Angst vor Verlusten). Wenn Sie diese Ansätze nutzen und merken, Sie können etwas unternehmen, sowie daß Sie mit zunehmender Übung immer leichter Lösungen finden, gibt Ihnen das einen Teil der »Power« zurück, die Probleme uns rauben können. Schon alleine deshalb lohnt es sich. Viel Erfolg!

Erinnerung

Q = Qualität unserer Denk-Prozesse

Die Qualität kann sich mittels ABC-Techniken dramatisch verbessern. Allerdings ist die Wirkung kumulativ, d.h. Sie müssen die Techniken eine Weile systematisch üben/einsetzen, ehe Sie feststellen, was sie Ihnen bringen. Ähnlich wie bei der Meditation im Gegensatz zu Entspannungs-Techniken, bei denen jede einzelne gewertet werden kann. Meditation wirkt nur kumulativ, deshalb muß man es täglich über einen Zeitraum von mindestens 6 Wochen ausprobieren, ehe man feststellen kann, ob es einem etwas »bringt«. So auch hier. Dreimal probieren und dann sagen: »Kann ich nicht« ist falsch. Jede neue Technik benötigt Training, wenn Sie einigermaßen kompetent werden wollen. Haben wir den ersten Kompetenz-Grad erreicht (vergleichbar mit dem ersten Gürtel bei den »martial arts«), dann macht es bereits so viel Spaß (und Mut!), daß wir freiwillig weitermachen. Sie haben also eine relativ kurze »Durststrecke« vor sich, aber die müssen Sie durchqueren, ehe Sie die Qualität Ihrer Denk-Prozesse auf die nächsthöhere Ebene »heben« können! Wenn Sie nur bedenken, was der Stadt-Land-Fluß-Effekt in wenigen Wochen bewirken kann, insbesondere wenn Sie beginnen, mit anderen Kategorien zu spielen (vgl. Stadt-Land-Quantenphysik, S. 20). Dabei können Sie mit anderen spielen oder allein (z.B. auf langen Autofahrten oder Spaziergängen ...)

Erinnerung

R = REPERTOIRE

Es kann nicht oft genug gesagt werden, daß Fertigkeiten nur durch Training erworben werden, sowie daß Einsteiger die nötige Geduld für den Einstieg oft nicht (lange genug) aufbringen. Vielleicht kann dieses KaWa© Sie an die Knackpunkte des Themas REPERTOIRE erinnern?

S = Suche nach Schlagzeile, Schlagwort oder Titel!

neu

Kennen Sie die Problematik? Sie suchen (verzweifelt) eine Idee, um eine Überschrift, eine Schlagzeile, ein Schlagwort oder einen Titel zu formulieren. Wobei diese Suche nicht nur Profis (Autoren, LehrerInnen, Werbe- und Verlagsleute usw.) betreffen sollte, sondern jeden denkenden Menschen. Denk-Experten und Rhetorik-Lehrer wissen seit langem:

> **Solange wir unfähig sind, ein Thema mit einer Überschrift (Schlagzeile) zu versehen, solange haben wir es nicht wirklich begriffen.**

Demzufolge eignet sich das Suchen einer möglichen Überschrift (neudeutsch »Headline«, wie man sie z.B. in Zeitungen, Artikeln oder Büchern braucht) als Denksport. So können wir testen, inwieweit wir das betreffende Thema bereits IM GRIFF haben. Denn die Schlagzeile stellt quasi einen GRIFF dar. Ich stelle Ihnen nachfolgend vor, wie ich selbst vorgehe. Kennen Sie weitere Techniken (siehe Randspalte)?

Wenn Sie uns Ihre Ideen mitteilen, können diese bei späteren Auflagen berücksichtigt werden. Außerdem können LeserInnen via web-Site sofort profitieren; also bitte bei www.birkenbihl.de in »Wandzeitung« eintippen (oder offline formulieren, dann in den Zwischenspeicher kopieren und in das Textfenster unserer Wandzeitung »fallenlassen«).

Erinnerung

Oft gibt es eine lebendige Wechselwirkung zwischen der Suche nach der »Überschrift« und der Suche nach Begriffen. Unter **D**, S. 127ff., finden Sie beides: Ein Schlagwort (DENK-BLOCKADE) und eine Headline (Dialog: Bleistift zu Kaffeetasse)!

1. Aller Anfang ist schwer (aber nur der Anfang!) und
2. Übung macht den Meister (die Meisterin)!

Allerdings gilt, wie bei allen Fertigkeiten: Man kann nur gut sein, wenn man vorher trainiert hat. Wer solche oder ähnliche Übungen (genaugenommen Sprach-SPIELE) nicht kennt, wird sich anfangs schwer tun.

Deshalb rate ich Ihnen zu Trainings-Sitzungen: alleine (gern auch unterwegs, an der Supermarkt-Kasse) oder mit anderen als richtiges Spiel (mit Punkten und Siegern, wenn Sie gerne wollen). Erst wenn Sie die Techniken spielerisch anwenden können, können Sie im Ernstfall damit arbeiten, um kreative Ideen zu produzieren. Sie wissen ja: Nichts tötet den kreativen Fluß so schnell ab wie ein verbissenes »Ich brauche jetzt eine Idee«, während das »leichte«, spielerische Denken sowohl Freude macht als auch viele Assoziationen auslöst, die uns dann einfallen (d. h. zu-fallen).

Ich möchte Ihnen hier konkret jene vier Techniken vorstellen, mit denen ich selbst ständig arbeite (deshalb stammen die Beispiele auch aus meinem Arbeitsleben):

1. W-Fragen stellen (vgl. F, S. 130f.)
2. Des Pudels Kern?
3. Yin/Yang, oder: Der Gegenpol.
4. Sprachspiel: Senkrecht zum Erfolg!

1. W-Fragen stellen (vgl. **F**, S. 130f.)
Durch das Stellen von ge-ZIEL-ten Fragen schalten wir unseren Such-Scheinwerfer an; alle W-Fragen sind besonders ergiebig, z.B.:

- Wem nützt dieser Text?
- Was nützt er?
- Warum nützt er?
- Was ist das Neue (bzw. warum bietet er Altes noch einmal)? u.ä.

Als ich auf der Suche nach dem Titel für eines meiner Bücher war, hatte ich überhaupt noch keine Titel-Idee. Ich begann also mit den Fragen und erzielte folgende Antworten. (Die unterstrichenen Begriffe wurden letztendlich später ausschlaggebend für den endgültigen Titel!)

- Wem nützt dieser Text? Allen Menschen, die bereit sind, über ihr Leben nachzudenken.
- Was nützt er? Er zeigt die Power von Geschichten in unserem Leben, insbesondere auch für Menschen, die behaupten, Stories seien für sie vollkommen unwichtig!
- Warum nützt er? 1. Weil wir in der Vergangenheit durch so manche Story maßgeblich beeinflußt wurden (oft unbewußt) und 2. weil wir unsere Zukunft durch bewußte Story-Wahl beeinflussen können, wenn wir wollen!
- Was ist das Neue (bzw. warum bietet es Altes noch einmal)? Es gibt Bücher voller Stories ohne Diskussion über ihre Rolle in unserem Leben und Bücher voller Diskussionen mit zu wenigen Beispielen (die oft viele Seiten lang sind). Dieses Buch-Seminar verbindet kurze Erläuterungen mit kurzen Stories, die aber die Power von Stories aufzeigen ...

Ergebnis: *StoryPower.* Der Titel dieses Taschenbuches scheint gut zu »wirken«, denn nach einem halben Jahr »mußten« wir in die zweite Auflage gehen ...

2. Des Pudels Kern?
Mit dieser Technik suche ich den Sinn oder das sog. Wesentliche herauszufinden. Dies ist vor allem wichtig, wenn man über ein Produkt nachdenkt, für das man potentiellen Kunden eine Kaufentscheidungs-Hilfe anbieten möchte. Und auch ein Buch ist ein »Produkt«. (Ich sehe meine LeserInnen immer als »Kunden«, denen ich etwas »bieten« muß, damit sich das Lesen für sie lohnt!)

Leider sehen das viele Werbetexter von Anzeigen- oder Katalog-Texten anders. Ich finde auch die gängige Praxis völlig unakzeptabel, daß irgendwelche Texter, die das Produkt überhaupt nicht kennen, Kaufanreize formulieren. Diese sind mit einer Entscheidungs-Hilfe überhaupt nicht zu vergleichen.

Bei dieser Technik wollen wir in zwei bis drei Schritten vorgehen.

1. Im ersten Schritt wollen wir das Wesentliche unseres Themas (des zu verkaufenden Produktes; des Buches, das einen Titel benötigt etc.) finden. Eine Definition von »wesentlicher« Information (im Gegensatz zu unwichtigen), die mir sehr geholfen hat, stammt von D'AVIS: *Eine wesentliche Info »sagt uns« etwas über das Wesen einer Sache.* Während wir über das Wesen unseres »Problems« reflektieren, notieren wir Stichpunkte. Diese benötigen wir anschließend, denn ...
2. Im zweiten Schritt werden diese Schlüsselbegriffe »weiterverarbeitet«. Wir können »einfach so« weiterdenken, falls durch eines dieser Stichworte eine asso-

ziative Flut ausgelöst wurde (vgl. **E**, S. 129f.). Oder aber wir legen schnell ein KaWa© (vgl. CAMELOT-KaWa©, S. 126) oder ein Wissens-ABC© an, um dann ...

3. ... im dritten Schritt aus der Kombination einiger Stichwörter und ihrer assoziativen Ableitungen (im KaWa© oder Wissens-ABC©) einige Schlagzeilen oder mögliche Titel zu formulieren. So wurde für mich der Name des erwähnten Musicals (*Camelot*) zum GRIFF für das gesamte Konzept und deshalb nannte ich es dann: »Camelot-Effekt«!

3. Yin/Yang, oder: Der Gegenpol
Manchmal kann die Gegenposition interessant sein, insbesondere wenn wir eine ironische oder verblüffende Headline formulieren wollen. (Vgl. **Y** am Ende dieses ABC-Moduls, S. 157 f.)

4. Sprachspiel: Senkrecht zum Erfolg!
Dies ist eine faszinierende Technik, aber nur für Menschen, die Sprachspiele lieben. Nur sie haben ausgezeichnete Chancen, mithilfe dieser vierten Technik einen »Griff« für eine Idee (ein Produkt) zu finden. Die Übung besteht darin, zunächst ein kurzes Schlüsselwort zu bilden und dieses dann senkrecht am Rand aufzuschreiben. Nun gilt es, aus den einzelnen Buchstaben einen (Pseudo-)Satz (eine Schlagzeile) zu bilden, der mit diesen Buchstaben beginnt. Dabei darf selbstverständlich kreativ geschummelt werden, das ganze ist ja letztlich ein Sprachspiel! So kann man z.B. »kleine Wörter« (der, die, das, auf, zum, mein, etc.) in Klammern »einschieben«, oder (auch mitten im Satz) die Sprache wechseln, was immer Spaß macht. Solche Schlagzeilen sind Haken für unsere Ideen, weiter nichts. Natürlich sind viele (vor allem am Anfang) ziemlich absurd, insbesondere bei schwierigen Wörtern. Das sind Begriffe mit »schwierigen« Buchstaben.

Falls Ihnen diese Regel nicht sofort einleuchtet, lesen Sie einige Tage lang bewußt die Schlagzeilen großer Boulevard-Zeitungen (vgl. auch Wolf SCHNEIDER: *Wörter machen Leute*).

Manche dieser Pseudo-Sätze können später phänomenale Sprungbretter für neue Ideen sein. Da diese Wort-Folge wie eine Schlagzeile (für eine Zeitung) wirken soll, kümmert uns die Grammatik NICHT.

S STÜRZE (die)	**S** SAG (deine)	**S** SEHE
A AHNEN	**A** ANTWORT	**A** ANSTÄNDIGES
T TÄGLICH	**T** TROTZ (deiner)	**T** TUN
Z ZUM ...	**Z** ZWEIFEL	**Z** (als) ZIEL

Gerne dürfen die Sentenzen »total unsinnig« sein (das Sinnvolle passiert ja im zweiten Ansatz (S. 125f.), wenn wir den Sinn, das WESEN(tliche) suchen! Je verrückter und verspielter Ihre Pseudo-Sätze werden, desto besser! Gestern nachmittag spielte ein befreundetes Berater-Kollegen-Paar das Spiel hier bei uns im Institut und produzierte in der Zeit, in der ich eine kleine Klavier-Sonatine spielte (ca. 2 Minuten) folgende Sätze:

Ob wir etwas als »schwierig« oder »leicht« empfinden, hängt davon ab, wieviele Fäden wir in unserem Wissens-Netz besitzen. Aber es gibt quasi ein »objektives schwierig«, wenn wir Worte zu Buchstaben suchen müssen, die nicht viel hergeben (im Deutschen z.B. X, Y und Z).

1. schmatze auffällig teigige zimtsterne (man spürt die Vorweihnachtszeit)
2. singe anmutig tänzerische zeilen
3. Sinne andächtig thematisch zentriert
4. stürze Ahnen täglich zum ...
5. sages alles tiefgreifende zusammen
6. seine andere tiefe zeigen
7. seele aus treue zulassen
8. sehe alles trotzdem zweifach
9. strebe andächtig täglich zweisamkeit
10. stolze augen tragen zwietracht
11. sehe aberwitzig tolle zusammenhänge

Heute bat ich ein befreundetes Trainer-Ehepaar ebenfalls um eine erste spontane Reaktion, wieder auf den Begriff »Satz« (mit seinem schwierigen »Z« und die beiden reagierten prompt:

- SOFORT AKTIVE TATEN ZEIGEN, und
- SAGENHAFTE AUFGABEN TRAGEN ZINSEN

Weitere Beispiele zu SATZ-Sätzen (auch zu anderen Wörtern) werden gerne entgegengenommen (www.birkenbihl.de, Wandzeitung. Danke!)

Und Sie, wieviele werden Sie schaffen? Und Ihre Freunde? Und wie oft werden Sie trainieren, damit Sie die Technik »drauf haben«, wenn es darauf ankommt und Sie wirklich auf der (verzweifelten) Suche nach einem Titel oder einer Schlagzeile sind?

Erinnerung

T = TRAINING ohne Zeitverlust?

Das Zeit-Sparschweinchen unterscheidet sich von seinem Geld-Cousin dadurch, daß Sie ihm nur ENTNEHMEN können, Sie können jedoch niemals hier »einzahlen«, nur »rausholen«!

Auch auf die Gefahr, penetrant zu wirken, kann es nicht oft genug gesagt werden (vgl. **G**, **Q** und **R**): Wichtig ist, daß Sie jede Technik (inkl. das ABC-Listen-Erstellen) regelmäßig trainieren müssen, aber wir haben noch nicht klar genug besprochen, daß Sie dieses Training zum Teil »nebenbei« absolvieren können, d.h. ohne auch nur eine Minute Ihrer wertvollen »Prime-Time« (beste Arbeitszeit) dafür opfern zu müssen. Hier nutzen Sie, was ich Sparschweinchen-Zeit nenne.

Sparschweinchen-Zeiten sind Zeiten, die bereits »vergeben« sind, die also sowieso nicht mehr »frei« sind. Wenn Sie jedoch einen Teil Ihrer Aufmerksamkeit »frei haben«, können Sie jetzt eine kleine geistige Trainings-Aufgabe absolvieren, wie z.B. ABC-Listen erstellen (das geht auch, als Training, im Kopf!), z.B.

- an der roten Ampel (statt ungeduldig zu warten)
- in jedem Stau
- in Warteschlangen (z.B. Supermarkt-Kasse)
- beim Gassigehen
- auf (langen) Reisen
- unter der Dusche
- vor dem Einschlafen, etc.

Erinnerung

U = Das UNBEWUßSSTE »anzapfen«

Im vorliegenden Buch habe ich eine wichtige Tatsache eher beiläufig erwähnt (Merkblatt Nr. 4 Wissens-Netz©, S.170), daher möchte ich an dieser Stelle betonen:

Ein hervorragendes Buch, in dem sich u.U. auch Hintergründe für meine 15 mm/11 km-Metapher finden ist Tor NØRRETRANDERS: *Spüre die Welt*; ein phänomenales Buch über Bewußtsein!

Stellen Sie sich Ihr Bewußtsein als einem Mini-Scheinwerfer mit einem Durchmesser von 15 mm vor, der in Ihrem gigantischen Wissens-Netz (mit einer Ausdehnung von 11 km) herumleuchtet, wenn wir Ideen, Gedanken, Erinnerungen etc. suchen.

Beide ABC-Techniken (Listen schreiben oder konsultieren) helfen uns, unser gigantisches Unbewußtes (leichter) anzuzapfen. Somit sind wir »normalen« Menschen voraus, die auf 15 mm Bewußtsein reduziert sind.

V = VR (Virtuelle Realität) !

neu

In meinem Buch *Stroh im Kopf?* zeige ich auf, woran das herkömmliche Lernen krankt. Ein Schritt des gehirngerecht Machens von neuen (Lern-)Informationen besteht darin, daß wir uns vorstellen, wie wir später, in der Praxis, mit den zu lernenden Informationen handeln (agieren, umgehen) werden. Eine Lernschwester könnte sich beim Thema Knochenbrüche z.B. ausmalen, wie sie später ins Zimmer eines Patienten mit Liegegips kommt und wie sie seine Krücken sieht, die irgendwer (vielleicht sein Besuch vorhin) achtlos an die Wand gelehnt hat, aber zu weit vom Bett entfernt. Also wird er Hilfe rufen müssen, ehe er z.B. auf Toilette gehen kann, und das tun viele Patienten, insbesondere Männer, ungern. Also stellt sie sich vor, wie sie ihm die Krücken ans Bett stellt.

Oder ein angehender Arzt malt sich aus, was es bedeutet, diese Krankheit zu haben, diese Medikamente nehmen zu müssen (Nebenwirkungen?), wie es ist, einige Stunden lang dieses komische Zeug zu trinken und andauernd auf die Toilette zu müssen, damit der gesamte Darm leer wird. Es wäre auch nicht schlecht, wenn Pflegepersonal die Prozedur über sich ergehen ließe, wie es ist, mit einem Nachthemd in einem zugigen Krankenhauskorridor auf eine Röntgenuntersuchung warten zu müssen ...

Wenn ich Krankenpersonal und/oder Ärzte ausbilde und solche Beispiele vortrage, erhalte ich immer dieselbe Reaktion: Man ist erstaunt, weil sich das herkömmliche Studium mit dem Pauken von Fakten befaßte, nicht aber mit der Praxis danach. Das merkt man auch! Wo kämen wir denn da hin, wenn Menschen, deren Berufung das Helfen ist, sich tatsächlich in die Situation derer versetzen würden, denen sie helfen wollen?!

In einer Episode von *Golden Girls* versucht eine der Damen (Dorothy), einem Nervenarzt klarzumachen, daß er sie von oben herab wie ein kleines Kind behandelt hätte (sie ist über 60 Jahre alt) und wie sie sich dabei gefühlt hätte und wünschte ihm: »Ihr Ärzte müßtet am Anfang Eurer Laufbahn einmal sehr krank sein und richtig Schiß haben, dabei würdet Ihr mehr lernen als im ganzen Studium!« Recht hat sie. Nur können wir solche Aspekte durch mentale Virtual Reality (auch ohne Computer möglich!) vorwegnehmen.

Indem wir lernen, uns zukünftige Situationen, insbesondere mögliche Problem-Lösungen, auszumalen, merken wir oft, daß uns noch Fakten fehlen, um diese mentale Simulation durchzuführen. Also müssen wir diese Infos erst einholen, ehe wir die Lektion als beendet ansehen (unabhängig von der Tatsache, daß wir die Prüfung zu dieser Lektion auf dem Papier bereits bestehen könnten!). Oder stellen wir vielleicht heute schon fest, daß eine »tolle« Lösung doch nicht so toll sein wird. Ein Beispiel (nach Richard FARSON: »Die meisten Probleme sind keine«):

Zuerst dachte man, der Gurt sei die Lösung für das Problem des zu schnellen Autofahrens. Dann aber lernte man, daß die Leute mit Gurten schneller fahren, denn sie fühlen sich sicherer als Fahrer ohne Gurt. Dann baute man abertausende von Autobahn-Kilometern mit Leitplanken zu (was die Autobahnkosten dramatisch hochtreibt) und noch heute wissen diese »Fachleute« nicht, daß Leitplanken zu beiden Seiten der Autobahn eine Art »Tunneleffekt« auslösen, so daß die Leute schneller fahren, weil die Planken da sind. Tja ...

Erinnerung

W = Wissens-Netz

Merkblatt Nr. 4, S. 170

Erinnerung

X = X-tra L

Ich führe in meiner persönlichen Liste hier den Begriff X-tra L (extra large), der mich daran erinnern soll, daß besonders große Anstrengungen (in Sinne der SAAT) auch besondere Ergebnisse (landläufig als Erfolg bezeichnet) nach sich ziehen. Also eine weitere Verstärkung einige Gedanken, die bei mir immer und immer wieder auftauchen. Deshalb liebe ich PINKERs Zitat zu **G** (über geniale Menschen), deshalb enthalten meine Listen bei **R** häufig REPERTOIRE (nicht nur Künstler – jeder Profi muß ein gutes Repertoire entwickeln)! Und deshalb ist meine erste Assoziation für **T** in der Regel »Training« und darum betone ich immer wieder die Notwendigkeit von (wissenschaftlichen) Notizen (vgl. **J**, S. 136f.). Sie erinnern sich, daß wir jede ABC-Liste als eine Inventur betrachten können, eine Art von seelischem Schnappschuß. Aber wenn es zentrale Themen in unserem Leben gibt, dann werden diese sich immer wieder in unsere KaWa©.s und ABC-Listen »schieben«.

Deshalb ist ja die Veröffentlichung meines *Das große Analograffiti-Buch* vor kurzem ein so großer Schritt, denn es enthält zahlreiche KaWa©.s und KaGa©.s (Denk-Bilder, die in diesem Buch nicht erläutert wurden) und enthüllen dem aufmerksamen Betrachter nicht nur, wie sondern auch woran ich häufig denke ...

Y = Yin/Yang !

neu

Es kann immens hilfreich sein, ein Problem auf den Kopf zu stellen und den Gegenpol zu suchen. Dies ergibt oft eine vollkommen neue Betrachtungsweise und katapultiert uns aus alten Denk-Bahnen heraus! Falls Sie sich mit dem Tarot ein wenig auskennen, wissen Sie, daß die Karte mit dem Titel »der Gehenkte« niemanden darstellt, der (am Hals) aufgehängt wurde, sondern: Jemand hängt mit den Füßen nach oben, kopfunter, um seine Betrachtungsweise zu verändern!

Denken Sie an die klassische chinesische Denk-Weise des Yin/Yang – sie hätte sich nicht über 6000 Jahre erhalten, wenn dieser Denkansatz nicht so hilfreich wäre!

Auch die Gegenposition kann spannend werden, insbesondere, wenn wir eine ironische oder verblüffende Schlagzeile suchen. Dies zeigt der Buchtitel von Paul WATZLAWICKs Longseller: *Anleitung zum Unglücklichsein.* Auch ich habe bei einigen meiner Titel auf diese Gegenpol-Position gebaut, um nur sechs Beispiele zu nennen:

1. *Stroh im Kopf?* (Achtung: mit!),
2. *Stichwort Schule, oder: Trotz Schule lernen?* (ebenfalls mit)
3. *Freude durch Streß* (diesmal ohne!)
4. *Männer/Frauen – mehr als der kleine Unterschied?* (mit!)
5. *Was Sie alles nicht über XXX wissen wollten.* (Diesen Titel nehmen wir manchmal bei firmenin-

(Nr. 1–3 sind Buchtitel, Nr. 4 und Nr. 5 sind Vortrags-Titel und Nr. 6 ist ein Seminar); bitte achten Sie besonders auf die An- oder Abwesenheit von Fragezeichen:

ternen Seminaren, wenn die MitarbeiterInnen zunächst völlig desinteressiert sind und ich die Aufgabe übernehme, es ihnen so gehirn-gerecht nahezubringen, daß sie dann doch erkennen, wie spannend es sein kann.)

6. Analograffiti, oder: Wo lassen Sie denken?

Es gibt zwei solche »öffentliche« Video-Vorträge, in denen ich so gehirn-gerecht in Themen einführe, die als »schwierig«, »supertrocken«, »langweilig« etc. gelten, daß die meisten Leute Ablehnung (bis Angst) empfinden. Das ist schade, denn beide Themen sind zentral für den sog. Paradigmen-Wechsel vom Industrie-Zeitalter in dieses erste immaterielle, post-industrielle Zeitalter, in dem wir uns bereits befinden. Diese Vorträge hätte ich nennen können: »Was Sie alles über Quanten-Physik (und Komplexitäts-Theorie) nicht wissen wollten«, aber ich nannte sie »Gehirn-gerechte Einführung in ...« (Infos bei www.birkenbihl.de/VFB/Videos)

neu

Z = Zellen-Metapher !

Hoimar von DITFURTH stellte einmal fest, daß die ersten Zellen, die sich einst bildeten, ein faszinierendes Doppel-Problem hatten: Zum einen mußten sie sich nach außen hin abschotten, sonst wären sie keine Zellen geworden (Lateinisch cellum = abgeschlossener Raum, vgl. Gefängnis-Zelle). Zum anderen aber mußten die Zellen sich der Welt öffnen, um Info und Nahrung hinein- und um Info und Abfallstoffe hinauszulassen. Betty EDWARDS stellte in *Der Künstler in Dir* fest, daß man die Grenzen eines Problems erkennen muß: Manche Probleme hätten so diffuse Grenzen, daß es schwierig wäre, das Problem klar zu definieren.

Übrigens löste die Zelle das Doppel-Problem nicht mit einer Sieb-Struktur (bzw. diese Versuche sind ausgestorben); sie erfand etwas zuvor nie Dagewesenes, nämlich die Membrane.

Wenn Sie ein Problem lösen wollen, können manchmal Grenz-Fragen wie diese extrem hilfreich werden:

- Kenne ich die Grenze dieses Problems?
- Habe ich die Grenze zu eng gezogen?
- Möchte ich meinen Problem-Rahmen er-WEIT-ern?

Anhang

ADDITIONALE ANMERKUNGEN
HIER kann man NACHSCHLAGEN
zum GRÜBELN...
ANHANG
NOCH WAS?
NUN JA...

Wer mit anderen meiner Bücher vertraut ist, weiß, daß ich Informationen, die manche LeserInnen schon kennen mögen, gerne in Merkblätter „packe». So auch die Einführung in das Konzept des KaWa© für dieses Buch.

Vgl. Vera F. Birkenbihl: *Das große Analograffiti-Buch.*

Merkblatt Nr. 1 Was ist ein KaWa©?

Das Kunstwort beschreibt einen Ausschnitt meines Analograffiti-Konzeptes.

Dabei geht es um kreative Denk-Techniken. Der Begriff »Analograffiti« steht für ANALOGes Denken mit einem Stift in der Hand (wir kommen gleich darauf zurück). *ANALOG* heißt wörtlich »nicht logisch« (a-logisch), damit meint man ein Denken, das eher »parallel« als »linear-rational« funktioniert, indem man Analogien, Vergleiche, Fallbeispiele, Metaphern etc. bildet, im Gegensatz zum rationalen Denken im Sinne logischer Schlußfolgerungen:

GRAFFITI (von griechisch γραφειν = ritzen, d.h. schreiben oder zeichnen)

Der zweite Wortteil beschreibt, daß wir mit Stift denken. Auch GRAFFITI.s bestehen aus BILDERN und/oder TEXTEN, nicht wahr?

Bei Analograffiti wird also immer geschrieben und/oder gezeichnet.

KaGa© oder KaWa©?

In beiden Fällen bedeutet
»K« = Kreatives und
»A« = Analograffiti
bei **KaWa©** gilt: **»W« = Wort**
bei **KaGa©** gilt: **»G« = grafisch**
das letzte »A« zeigt, worum es geht:
A = Assoziationen.

KaWa©: Wir assoziieren zu den einzelnen Buchstaben des Begriffes (s. unten) oder konstruieren eine **ABC-Liste** zum Thema (Beispiel: DENK-ABC.s, S. 42f.)

KaGa©: Wir zeichnen Ideen ... (Details vgl. *Das große Analograffiti-Buch*)

Ein KaWa© besteht darin, daß wir einen Schlüsselbegriff (zu unserem Thema, unserem Problem, unserer Frage) auswählen und zu jedem Buchstaben des Wortes freie Assoziationen finden (Beispiel: FIASKO, S. 30).

In der Regel denken wir über ein KaWa© (zunächst) kurz nach (90 Sekunden bis 3 Minuten), um unsere ersten Assoziationen zu finden. Dies zeigt uns, was wir denken, wissen, empfinden und hat INVENTUR-Charakter. Dies ist eine (von mehreren) Gründen, warum KaWa©.s uns denken helfen.

Es gibt grundsätzlich zwei Arten von KaWa©.s:

1. Ein **Wort-KaWa©** besteht darin, daß wir einen Begriff auswählen, ein Schlüsselwort (zu unserem Problem, unserer Frage, unserer Denk-Aufgabe) und zu jedem Buchstaben Assoziationen suchen, z.B. FIASKO.

2. Eine **ABC-Liste** (bzw. ein **Wissens-ABC©**) als KaWa-Sonderform, nur mit dem Unterschied, daß wir das ganze Alphabet benutzen. Wenn wir auch vielleicht nicht immer alle 26 Buchstaben »füllen« können (insbes. »X«, »Y«, aber oft auch »V« und »U« sind im Deutschen »ärmer« als andere Buchstaben), so können Sie doch im Schnitt mit (s. Rand) Assoziationen rechnen.

   Wer oft Stadt-Land-Fluß gespielt hat (oder immer noch spielt), ist wohl vertraut mit diesem Phänomen. Ich nenne es den Stadt-Land-Fluß-Effekt; Wir tragen regelrechte Wissens-ABC©.s im Kopf spazieren! Deshalb fallen uns auch »spontan« (schnell/leicht) jede Menge Städte, Länder, Flüsse ein, wenn wir spielen wollen.

Dies ist nicht das Buch, um das Thema zu vertiefen, vgl. Sie bitte 1. *Das große Analograffiti-Buch* (2002) und 2. *Das innere Archiv©* (2002).

- 19–25 Wörter bei Themen, zu denen wir einiges wissen (wobei wir zu manchen Buchstaben mehrere Assoziationen auflisten dürfen, während andere frei bleiben).
- 11–18 Wörter bei Themen, zu denen wir vielleicht weniger wissen, als wir dachten (Inventur hier: Was weiß ich darüber?), und
- weniger als 11 Wörter, wenn wir mit einem Thema nicht sehr vertraut sind. Wenn Sie ein ABC von Tieren aufschreiben wollen, oder Lebensmitteln, oder potentiellen Reisezielen, dann fällt Ihnen sicher weit mehr ein als zum Wissensbereich der Paläontologie oder der Astrophysik, nicht wahr?

In der Schweiz als „das Geografiespiel« bekannt

Im Alltag:

Wenn Sie zu wichtigen Themen alphabetische Listen erstellen würden, auch mehrmals, dann erzeugen Sie diesen Stadt-Land-Fluß-Effekt in Ihrem Kopf, und zwar für Themenbereiche, zu denen Sie in der Zukunft kompetent (schnell und leicht) denken (Ideen finden) wollen. Da ich die Vorzüge dieser Art zu denken anderweitig ausgiebig erläutert habe, werde ich die wichtigsten hier nur andeuten:

1. Jedes KaWa© entspricht immer einer kleinen Inventur (die uns zeigt, was wir wissen und/oder was wir derzeit denken).

2. Je häufiger wir über denselben Begriff nachdenken, desto tiefer dringen wir in das Thema ein (weil wir beginnen, unser gigantisches Unterbewußtes »anzuzapfen«).

3. Eine Spezial-Technik (KaWa-Couvert©) besteht darin, eine Reihe von KaWa©.s zu einem Wort oder Thema anzulegen, jedes Blatt aber sofort wegzustecken (z.B. in ein Couvert) und erst nach einigen Wochen alle Ergebnisse miteinander zu vergleichen.

Merkblatt Nr. 2 Was ist ein Problem?

Finden wir diesen Aspekt ok (positiv), dann gibt es in unserer Sprache keinen Begriff dafür. Umgekehrt »haben« wir jetzt ein PROBLEM: Hier setzt dieses Buch an.

Wir befinden uns in einer ganz bestimmten Situation und wir nehmen einen ganz bestimmten Aspekt dieser Situation wahr.

Können wir dieses PROBLEM kurz nach Wahrnehmen desselben bereits lösen, dann sehen wir es als eine Art von geistigem Durchzugsposten, andernfalls erleben wir die Sache als PROBLEMATISCH. Sprechen wir von kreativer Problemlösung, dann meinen wir Situationen, die uns schwierig erscheinen (sonst bräuchten wir ja keine kreative Problem-Lösungs-Strategie).

Merkblatt Nr. 2 Problem

Mein Vorschlag für eine positivere Interpretation des Begriffes »Problem« (siehe unten).

Falls Sie noch nicht selbst probiert haben, wie man den Begriff »Problem« in ein positives KaWa© »packen« kann, dann wollen Sie vielleicht doch noch selbst nachdenken, ehe Sie das Buch auf den Kopf drehen und nachsehen?

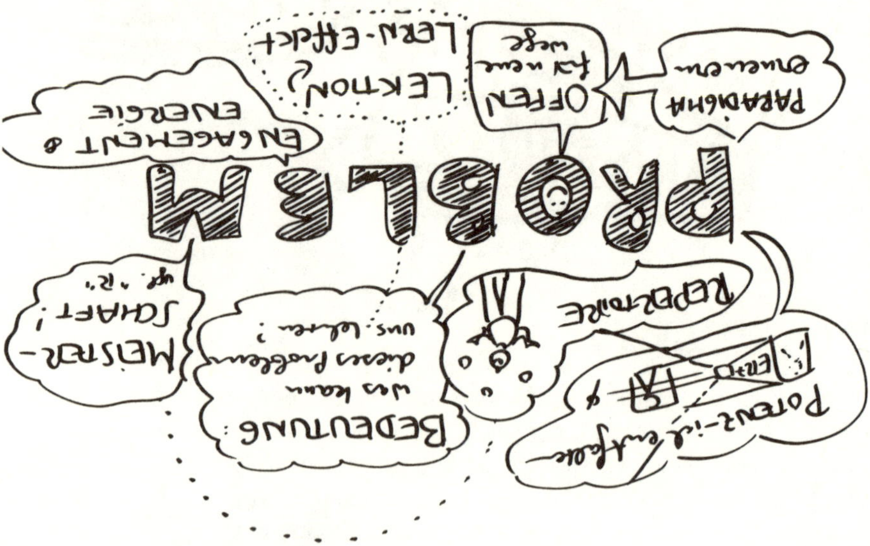

Merkblatt Nr. 3 Die Liste der Listen©

Es folgen einige konkrete Fallbeispiel-Listen:

(bekannte) Persönlichkeiten:

1. **A**urel
2. **B**eethoven
3. **C**aesar
4. **D**roste-Hülshoff
5. **E**liot
6. **F**riedrich der Große
7. **G**andhi
8. **H**ermann Hesse
9. **I**l Rosso Fiorentino
10. **J**usepe de Ribera
11. **K**atharina die Große
12. **L**eonardo da Vinci
13. **M**ichelangelo
14. **N**ietzsche
15. **O**tto von Bismarck
16. **P**laton
17. **Q**
18. **R**aphael
19. **S**chiller
20. **T**heresa von Avila
21. **U**stinov, Peter
22. **V**an Gogh
23. **W**agner
24. **X**
25. **Y**
26. **Z**arah Leander

Humor

1. **A**nmache
2. **B**egeisterung
3. **C**lown
4. **D**auerlacher
5. **E**rwartung
6. **f**lippig
7. **G**elächter, Gefühl
8. **H**ochstimmung
9. **I**dee, Intuition
10. **J**oke, Jugend
11. **K**unst
12. **L**iebe zum
13. **M**aske
14. **N**ummer
15. **o**bligatorisch
16. **p**udelwohl
17. **q**uirlig
18. **R**ealität vergessen
19. **S**paß
20. **T**eam
21. **U**nfug
22. **V**irus
23. **W**itz
24. **X**
25. **Y**eah
26. **Z**irkus

Musik

1. **a**dagio
2. **b**ewegt, bewußt
3. **c**rescendo
4. **d**iminuendo
5. **e**spressivo
6. **f**ortissimo
7. **g**enießen
8. **H**ymne
9. **i**nspiriert
10. **J**ubelklang
11. **K**anon
12. **L**ied
13. **m**oderato
14. **N**achspiel
15. **O**pera, oh wie schön!
16. **p**ianissimo, phantastisch
17. **Q**uartett
18. **r**asant
19. **S**olfège
20. **T**akt, Tenor
21. **u**nheimlich
22. **V**iertelnote
23. **w**ohlig, Walküre
24. **x**-te Wiederholung
25. **y**ogistisch
26. **Z**usammenspiel

Leonardo da Vinci war unter anderem:

1. **A** Architekt, Anatom
2. **B** Bildhauer, Baumeister, Biologe
3. **C** Choreograph, Chronist
4. **D** Dandy (er war sehr modebewußt), Dressman
5. **E** Entdecker, Erfinder
6. **F** Forscher
7. **G** Genie!, Geologe
8. **H** Höhlenforscher
9. **I** Ingenieur
10. **J** Journalschreiber
11. **K** Konstrukteur, Künstler, Kriegsberater
12. **L** Lautenspieler
13. **M** Maler, Mathematiker, Musiker, Militärstrategie-Spezialist
14. **N** Neurologe, Naturwissenschaftler
15. **O** Original! Opinionleader, Opern-Intendant
16. **P** Pathologe, Physiker, Physiologe
17. **Q** Querdenker
18. **R** Reiter, Rätselautor
19. **S** Schriftsteller, Städteplaner
20. **T** techn. Zeichner und Theater-Intendant
21. **U** Unterhalter
22. **V** Visionär (im Sinne von Prophetisch)
23. **W** Waffenexperte, Waffenerfinder, Wissenschaftler
24. **X** Xylograph (Holzschnitzer)
25. **Y** ????
26. **Z** Zeichner, Zoologe

Berufe-Liste

1. **A**stronaut/in
2. **B**auchtänzerin
3. **C**hirurg/in
4. **D**etektiv
5. **E**lektiker/in
6. **F**lötenspieler/in
7. **G**ärtner/in
8. **H**utmacher
9. **I**nfo-Broker
10. **J**ournalist/in
11. **K**indergärtner/in
12. **L**iedermacher/in
13. **M**athematiker/in
14. **N**europhysiologe
15. **O**pernsänger/in
16. **P**opstar
17. **Q**uantenphysiker/in
18. **R**abbiner
19. **S**enator
20. **T**axifahrer/in
21. **U**hrmacher/in
22. **V**eterinär
23. **W**etterfrosch
24. **X**ylograph
25. **Y**achtbauer
26. **Z**oodirektor/in

Tier-Liste

1. **A**dler
2. **B**är
3. **C**hamäleon
4. **D**elphin
5. **E**sel
6. **F**rosch
7. **G**ans
8. **H**und
9. **I**gel
10. **J**aguar
11. **K**aninchen
12. **L**öwe
13. **M**öwe
14. **N**ilpferd
15. **O**hrwurm
16. **P**avian
17. **Q**ualle
18. **R**atte
19. **S**chlange
20. **T**aube
21. **U**hu
22. **V**ogelspinne
23. **W**indhund
24. e**X**tinkt: Dino
25. **Y**ak
26. **Z**ebra

Berühmte Namen

1. **A**rchimedes
2. **B**eethoven
3. **C**äsar
4. **D**escartes
5. **E**instein
6. **F**reud
7. **G**oethe
8. **H**eisenberg
9. **I**bsen
10. **J**ack the Ripper
11. **K**ant
12. **L**eonardo da Vinci
13. **M**ozart
14. **N**ewton
15. **O**tto
16. **P**icasso
17. **Q**uark (St.Tr.)
18. **R**achmaninov
19. **S**okrates
20. **T**elemann
21. **U**llstein
22. **v**an Gogh
23. **W**agner
24. **X**antippe
25. **Y**amaha
26. **Z**uckmayer, Carl

Komplexitätstheorie

1. **A**ttraktor
2. **B**edeutg. der log. Tiefe
3. **C**haos
4. **D**enken im Schwarm
5. **E**mergenz
6. **F**raktale Mathematik
7. **G**leichgewicht (fern von)
8. **H**uberman/Hogg.85: O-K-C
9. **I**ntelligenz
10. **J**
11. **K**reativität
12. **L**eben/Lernen
13. **M**enschen = komplex
14. **N**achr.Wert:Arb/Senders (Bennet)
15. **O**rdnung vs. Zufall/ Chaos
16. **P**robleme vs. Predikamente
17. **R**and/Ordnung (vs. R./Chaos)
18. **S**chmetterlings-Effekt
19. **T**iefe (via Exformation)
20. **U**nordnung?
21. **V**ANTS
22. **W**ellen & Wolken ...
23. **x** (Bild: Ver-NETZ-ung)
24. **Y**
25. **Z**ufall (i.Sinne v. »random«)

Quanten-Physik

1. **A**tom
2. **B**osonen
3. **C**aesium
4. **D**
5. **E**lementar-Partikel
6. **F**ermionen
7. **G**
8. **H**eisenberg
9. **i**mplizit/explizit (Bohm)
10. **J**
11. **k**omplimentär (Bohm)
12. **L**aser
13. **M**olekül
14. **N**ano-Technologie
15. **O**rdnung vs. Unordnung
16. **p**hasenverriegelt
17. **Q**-Sprung
18. **R**elativität (Einstein)
19. **s**uperfluids
20. **T**unnel-Effekt
21. **U**nschärfe-Relation
22. **V**
23. **W**elle & Teilchen
24. **X**-rays
25. **Y**OUNG (19.Jh)
26. **Z**willings-Effekt

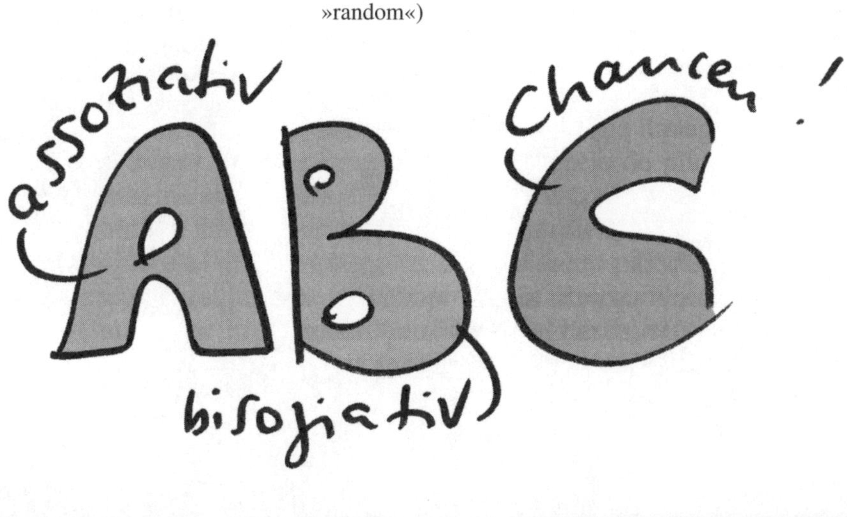

KREATIVITÄT

1. **Assoziationen**, Analograffiti, ABC-Kreativ
2. **Bi-Soziationen** (KOESTLER)
3. **CHAIROS**
4. **DENK-TECHNIKEN**
5. **Emergenz** (bei Aktivitäten!)
6. **Fragen** stellen statt Antworten suchen
7. Genial
8. H
9. **Info-Systems/ Ideen-Generatoren**
10. Journal führen
11. **KaWa, KaGa**
12. **Limitationen** machen kreativer
13. MAY, Rollo
14. Notizen machen!
15. Oberflächlich
16. Perspektiven
17. Qualität
18. Regeln
19. Schöpfung
20. Tiefe
21. Unbewußt
22. Vorstellungen
23. **Wissens-ABC**
24. X-beliebig
25. Y…
26. Zusammenhänge

Die folgende Liste erstellte ich auf Englisch, als ich ein Referat in dieser Sprache vorbereitete:

JAMES E. LOEHR, USA – STRESS-MANAGEMENT

1. **A** = ATTENTION to your feelings (moi and anthem)*
2. **B** = BELIEFS of the performer self (as opposed to the full spectrum of the real self)
3. **C** = CHEMISTRY of CONFIDENCE (moi: & CHANGE; COURAGE: conversion... (quote)
4. **D** = DANGERS (discuss at the end)
5. **E** = EMOTIONAL MUSCLE TRAINING (cf. L, P, R, S)
6. **F** = FEAR* & FLOW *increased heart-rate, shortness/breath, reduced bloodflow to hands/feet and narrowing of cision!)
7. **G** = GUARD-metaphor: the performer self is guarded against the surrounding »real« self...
8. **H** = HUNDREDS OF REPETITIONS ... (& moi & Buchholz Hymne/anthem)
9. **I** = Island! Intelligent Emotion-Managagement (Of presently wrong [intensity of] feeling/s)
10. **J** = JAGUAR & JET-PILOT (moi: metaphors) & JOIN physical & psych. & intell. ... STRATEGY
11. **K** = KNACKS (dt. Kniffe): develop your personal knacks...
12. **L** = LAMP (moi: concious) & LAST RESPONSE before ACTION (cf. S)
13. **M** = MOOD & military MARCHING ... MATADOR (cf. W = walk)
14. **N** = Neural Pathways through Training (cf. H)
15. **O** = ORIENTATION (mental: intellectual AND emotional!)
16. **P** = PAUSE • (1) POS. PHYSICAL RESPONSE & PREPARATION
17. **Q** = QUICK (quarter of a minute maximum vs. 25 sec.s/tennis)
18. **R** = (1) Repertoire through RITUAL & RELAXATION Loehr: high stress NEEDS high relaxion!
19. **S** = STRATEGY: STAGES of RECOVERY to (re-)gain STRENGTH
20. **T** = TRAINING (moi ... Repertoire for acting professionally under duress)
21. **U** = USEFUL emotions vs. not useful (cf. acting only the part)
22. **V** = VALVE (dt. Ventil) xx & moi: V.R.
23. **W** = WALK (cf. MATADOR: HEAD, POSTURE & BREATHING)
24. **X** = X-MAS: full range of feelings vs. performance self
25. **Y** = YESTERDAY: Was fällt uns bei dieser Melodie (Beatles) ein?
26. **Z** = ZONE, in the... (dt. ZIEL: in die ZONE zu kommen)

---

* Manche Begriffe sind private »Kunstwörter«

Thema: ______________________

1. A = ______________________
2. B = ______________________
3. C = ______________________
4. D = ______________________
5. E = ______________________
6. F = ______________________
7. G = ______________________
8. H = ______________________
9. I = ______________________
10. J = ______________________
11. K = ______________________
12. L = ______________________
13. M = ______________________
14. N = ______________________
15. O = ______________________
16. P = ______________________
17. Q = ______________________
18. R = ______________________
19. S = ______________________
20. T = ______________________
21. U = ______________________
22. V = ______________________
23. W = ______________________
24. X = ______________________
25. Y = ______________________
26. Z = ______________________

Quelle: Vera F. BIRKENBIHL: *ABC-Kreativ*©, 2007

Merkblatt Nr. 4 Wissens-Netz©

Diese Metapher steht zum einen für die Art, wie unser Wissen im Kopf „ver-NETZT» ist, und zum zweiten für die neurophysiologischen Zusammenhänge im Gehirn, wenn wir Informationen suchen, finden, speichern, abrufen etc. Alle Details der Metapher wurden von der Hirnforschung hergeleitet, akzeptieren Sie also einfach das Bild ...

Stellen Sie sich ein gigantisches Netz vor: Jeder Faden symbolisiert etwas, was wir können oder wissen. Es gibt Stellen im Netz, da wurden viele Detailfäden »hineingehäkelt«, da sind wir Experten. Und es gibt Stellen, an denen gerade mal einige wenige Hauptfäden existieren. Dieses Wissens-Netz enthält alles, was Sie jemals gelernt haben, aber es geht nicht nur um Daten, Fakten, Infos und Ideen, die Sie gespeichert haben, denn all diese Inhalte Ihres Wissens-Netzes zusammen »ergeben« Ihre Persönlichkeit. (Vgl. Alzheimer-Patienten, sie verlieren nicht nur »Wissen«, sie verlieren »sich selbst«; denn unser Wissens-Netz schafft u.a. auch unsere gesamte Persönlichkeit!)

Außerdem stellt unser Wissens-Netz die Grundlage unserer gesamten geistigen Tätigkeiten dar: vom Wahrnehmen der sog. Wirklichkeit über das Interpretieren derselben bis hin zum Nachdenken, z.B. wenn wir etwas Neues erforschen, lernen, integrieren oder ein Problem lösen wollen.

Dieses Wissens-Netz hat die Ausmaße eines ca. 3,3 m^2 großen Areals, das im Dunkeln ruht. Wenn Sie etwas suchen, dann ziehen Sie mit einer klitzekleinen Taschenlampe los, deren Glas vorne 15 mm mißt. Damit leuchten Sie nun in diese Dunkelheit (diese Taschenlampe repräsentiert Ihr Bewußtsein).

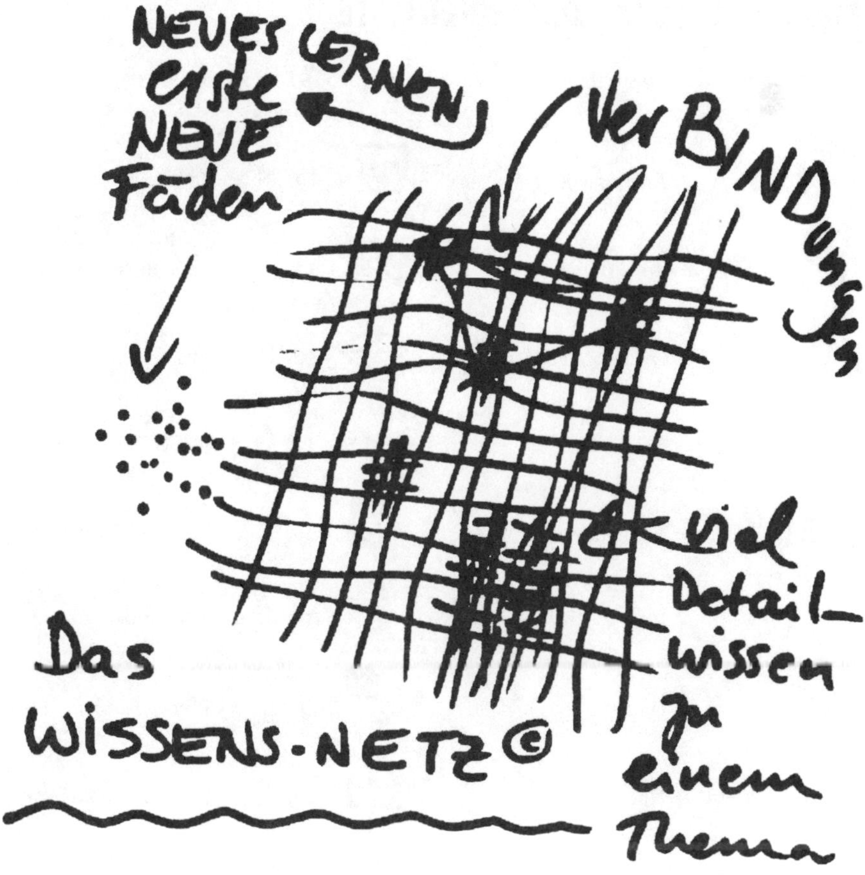
NEUES LERNEN
erste NEUE Fäden
VerBINDungen
viel Detailwissen zu einem Thema
Das WISSENS-NETZ©

Merkblatt Nr. 5 Die ANKERLISTE

In Modul 5 wurde diese spezielle Peg-Liste* erwähnt (S. 53). Hier ist sie also, diese Liste.

 1. A = Ankermann

 2. B = Bugs Bunny

 3. C = Camping (Zelt)

 4. D = Dromedar

 5. E = Elefant, weißer

 6. F = Flöte

 7. G = Garten

 8. H = Hut

 9. I = Indianer

 10. J = Japaner

 11. K = Kilo

 12. L = Leiter

 13. M = Militär

 14. N = No-Theater

 15. O = Olympiade

 16. P = Paar (Paul & Maria)

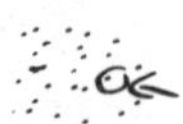 17. Q = QUEST-Raumstation

 18. R = Reisemobil (unterwegs)

 19. S = Student/in

 20. T = Tennis-Turnier

 21. U = Uhr/Unpünktlichkeit

 22. V = Vase

 23. W = Waage

 24. X = Xylophon (X-mas)

 25. Y = Yacht

 26. Z = Zeppelin

* Vgl. sowohl mein Buch *Das innere Archiv,* 2006, als auch meinen großen Kassettenkurs (Kassette hierzu): *Memory Optimizer,* 2001.

Merkblatt Nr. 6 Langsam/schnell?

Mini-Quiz:

☐ Ich reagiere im Zweifelsfall eher schnell.
☐ Ich beginne größere Projekte lieber lange vor dem Stichtag.
☐ Ich reagiere im Zweifelsfall eher langsam.
☐ Ich neige dazu, erst »auf den letzten Drücker« zu arbeiten zu beginnen, irgendwie fällt mir unter Druck mehr ein ...

Wir wissen heute, daß diese Veranlagung in den Genen angelegt ist. Dies hat dramatische Auswirkungen auf Kinder, wenn Eltern anders »gepolt« sind als ihre Kinder (von Chefs und MitarbeiterInnen ganz zu schweigen). Predigen z.B. »langsame« Eltern Ihren schnellen Kindern ständig, sie sollten langsamer vorgehen, weil die »langsamen Eltern« fälschlicherweise glauben, schnelles Arbeiten müsse flüchtig sein ... Merke: Was anders ist, als wir es kennen, wirkt zunächst fremd und fremdes macht Angst. **Deshalb neigen wir dazu, Fremdartiges zu bekämpfen. Selbst in unseren eigenen Kindern** (wieviele Eltern können niemals akzeptieren, daß ein Kind homosexuell ist?). So auch hier. Genauso gefährlich ist für das langsame Kind ein schneller Elternteil, wenn dieser dazu neigt, in seinem langsamen Kind durch ständige Ungeduld Minderwertigkeitsgefühle zu erzeugen, so daß es sich bald für dumm halten wird.

Wichtig: Finden Sie Ihren Stil und lassen Sie sich von genetisch anders »gepolten« Mitmenschen nicht verrückt machen! Weder von Ihren Kindern, noch von Ihren Eltern, Partnern, Kollegen etc.

Merkblatt Nr. 7 Seminar-Übung

Für alle Trainerkollegen/innen:

Paul SCHEELE, *Das Gesetz der Natürlichen Bilanz*

Paul SCHEELE berichtet, daß es nach dem ersten Experiment (vgl. S. 79) gar nicht leicht ist, wieder eine/n Freiwillige/n zu finden. Deshalb gehe ich seit Jahrzehnten ganz anders vor. Wie schon in meinem Taschenbuch *Fragetechnik schnell trainiert* gezeigt, schicke ich prinzipiell mehrere Leute (meistens drei) hinaus und erkläre den Zuschauern, daß die erste Person (egal wen das Team da draußen als ersten hereinschickt) sich weit schwerer tun wird als die zweite und dritte, weil ... Diese Erklärung wiederhole ich später, wenn die Übung vorbei ist, weil die erste Person die erste Erklärung ja NICHT gehört hatte und sie den schwersten Part spielte. Hier gibt es noch einmal einen Sonderapplaus für den MUT, sich als erste/r hineinzuwagen ...

Mit dieser Variante löse ich eine Reihe von Problemen, so habe ich z.B. für die zweite Runde keine Probleme, Freiwillige zu finden, weil sie bereits draußen stehen. Weiter stelle ich sicher, daß niemand als erste Person (bei der Tadel-Variante) ungeschickt erscheinen kann, da die Gruppe vorher bereits wußte, daß der erste eine ungleich schwieriger Aufgabe hat. Und, bei Rollenspielen, die man spezifisch geschrieben hat, um eine bestimmt Aufgabe anzugehen (insbes. bei firmeninternen Situationen) kann niemand »aus der Rolle fallen«, d.h. sich oder seine Rolle vergessen. Das passierte meinem Vater Michael BIRKENBIHL (vgl. sein Klassiker *Train the Trainer*) einst und daraus haben wir sehr viel gelernt. Nun ist es so: Macht der/die erste große Fehler, dann können wir als TrainerInnen sagen:

> **»Sehen Sie, da war meine Anweisung wohl ungenau. Ich bitte um Entschuldigung. Deshalb schicken wir ja mehr als eine Person hinaus, damit wir eine Reserve haben. Lassen Sie mich das jetzt besser erklären ...«**

Dann marschiere ich hinaus und instruiere noch einmal. Auf diese Weise liegt der Schwarze Peter nicht bei dem Teilnehmer, der »Mist gebaut« hat (selbst wenn es so wäre), sondern bei uns. Hinzu kommt, wie in meinem erwähnten Buch ausgeführt, daß das dreimalige Sehen desselben Rollenspiels besondere Lern-Effekte bietet ...

Merkblatt Nr. 8 Exformation

Wesentlich aber ist die andere Art von »Information« auf die NØRRETRANDERS abzielt, womit er uns zu einer faszinierenden **neuen Einsicht** verhilft.

Es geht nämlich um das, **was wir** (ex = heraus) **auslassen**; das, was wir **nicht** gesagt (geschrieben) haben: die **Exformation** also.

Das eigentlich Wertvolle in der zwischenmenschlichen Kommunikation ist **nicht** die **INFORMATION**, sondern die **EXFORMATION**.

Erst diese ausgelassene EXFORMATION macht eine Botschaft für Menschen interessant (im Gegensatz zum Computer, der nur Infos verarbeitet).

Beispiel: Wenn Sie einen Satz hören, bei dem das letzte Wort fehlt, dann können Sie das Fehlende immer … (Na also!)

Ihre **Ergänzung** ist die **EXFORMATION** dieser Botschaft. Jeder weiß, was **gemeint** ist. Meine »Insider« kennen das Beispiel im Restaurant; Sie sind als Gruppe (Familienfeier) beim Essen:

Ober: »Schwein?«

Ihr Tischnachbar: »Das bin ich.«

Natürlich fällt es keinem auf, denn **alle** haben die fehlende EXFORMATION in gleicher Weise **ergänzt**. Hier handelt es sich nur um **ein** Wort (*Schwein*), es enthält nur wenige Buchstaben als eigentliche INFORMATION (7) und nur eine Silbe. Also gab es **extrem wenig Info**, sollte man meinen. Trotzdem ist die **Kommunikation komplett, wenn** der Gast **das Unausgesprochene, das Weggelassene**, im Sinne des Obers **ergänzen kann**.

Diese ergänzte Frage (*Wer ist die Person, die das Schweinefleisch bestellt hat?*) beantwortete der Gast korrekt mit: »Das bin ich!«, und alle sind zufrieden.

Allerdings können wir **nur ergänzen, was wir kennen**. Das ist der »Kasus knacksus« der EXFORMATION: Stellen Sie sich einen Menschen vor, der noch nie in seinem Leben in einem Restaurant war, der also all das nicht weiß, was wir wissen, z.B.:

- Hier erhält man Essen **gegen Bezahlung**.
- Hier **wird** man **bedient**.
- Wenn der Ober **nicht mehr weiß**, wer was bestellt hat, wird er fragen und **erwartet Hilfe** von uns usw.

Jemand, der von all dem nichts weiß (dessen Insel* keine vergleichbaren Erfahrungen enthielt), würde vielleicht davon ausgehen, die Äußerung »Schwein« könnte **einen Angriff auf ihn selbst** darstellen und dementsprechend reagieren. Er könnte jedoch vielleicht auch annehmen, der Ober wolle wissen, ob jemand **mit Namen *Schwein*** am Tisch säße … Genau dieses Ergänzen-Müssen aber bewirkt, daß man sich **»angesprochen«** fühlt! Flache Infos (z.B. eine Nachrichten-Sendung) sprechen uns selten »echt« an!

Wollen wir das Insel-Modell© zu Hilfe nehmen und daran denken, daß jede/r von uns nur die eigene Insel wirklich kennt und sich oftmals für die eigene am meisten interessiert.

---

* Es geht um meine **Insel-Metapher**: Jeder Mensch als Bewohner einer Insel, die alles symbolisiert, was wir «sind«. Deshalb können wir unsere Insel nie verlassen; aber erweitern können wir sie – ein Leben lang! (Vgl. vor allem mein Taschenbuch: *Erfolgstraining*.)

Quelle: Vera F. BIRKENBIHL: *Story Power*©, 2001

Merkblatt Nr. 9 Diktierkassetten im Auto

Sie kennen das Problem: Man würde ja ganz gerne wichtige Gedanken auf kleine Diktierkassetten sprechen (bzw. man hat ein Archiv von alten Kassetten, z.B. Mitschnitte von Meetings und Vorträgen), aber weder mag man stundenlang mit Kopfhörern herumsitzen noch darf man das im Auto (als FahrerIn).

- portable Radios
- MP3-Player
- Kleine Diktiergeräte

Durch Zufall kam ich auf eine brillante Lösung, die ich Ihnen gerne mitteilen will:

Es gibt eigenartige Audio-Kassetten (MC) mit Kabel, an dessen Ende ein kleiner Bananenstecker ist, wie Kopfhörer sie haben. Wenn Sie nun diesen in die OUT- oder Kopfhörerbuchse Ihres Gerätes einstöpseln, dann können Sie Ihre Kassette über die Autoradio-Lautsprecher anhören. Allerdings müssen Sie im Fachgeschäft unbedingt nach der Möglichkeit fragen, Ihren portablen CD-Player im Auto anzuschließen. Ich habe inzwischen festgestellt, daß es bei allen Geräten funktioniert, die jene kleine Buchse zum Einstöpseln besitzen (siehe Marginalie) ... Na, wer sagt's denn?

Literatur-Verzeichnis

1. BIRKENBIHL, Michael: Train the Trainer. Redline Wirtschaftsverlag, München, 18. Auflage 2005
2. BIRKENBIHL, Vera F.:
   ABC-Kreativ©. Ariston im Heinrich Hugendubel Verlag, München, 4. erweiterte Auflage 2007
   Das große Analograffiti-Buch. Junfermann Verlag, Paderborn 2002
   Das innere Archiv©. mvg, München, 3. Auflage 2006
   Der Birkenbihl Power-Tag. mvg, München, 4. Auflage 2000
   Erfolgstraining. mvg, München, 12. Auflage 2001
   Fragetechnik schnell trainiert. mvg, München, 15. Auflage 2006
   Freude durch Streß. mvg, München, 16. Auflage 2005
   Humor – an Ihrem Lachen soll man Sie erkennen. mvg, München 2003
   Humor (Video). Gabal, Offenbach
   Komplexitäts-Theorie (Video). Gabal, Offenbach
   Q-Physik (Video). Gabal, Offenbach
   Viren des Geistes (Video). Gabal, Offenbach
   Memory Optimizer. Kassettenkurs 2001
   Stichwort Schule: Trotz Schule lernen! mvg, München, 17. Auflage 2005
   StoryPower©. mvg, München 2001
   Stroh im Kopf? – Vom Gehirn-Besitzer zum Gehirn-Benutzer. mvg, München, 44. Auflage 2005
3. CAPRA, Fritjof: Lebensnetz. Knaur, München 1999
4. DiTROCCHIO, Frederico: Newtons Koffer – Geniale Außenseiter, die die Wissenschaft blamierten. Rowohlt, Reinbek 2001
5. EDWARDS, BETTY: Das neue »Garantiert zeichnen lernen«. Rowohlt, Reinbek 2000
6. GALLWEY, Tim: Tennis, das innere Spiel (leider vergriffen)
7. KOESTLER, Arthur: Der Mensch, Irrläufer der Evolution? (leider vergriffen)
8. MAY, Rollo: Mut zur Kreativität (leider vergriffen)
9. MICHALKO, Michael: Erfolgsgeheimnis Kreativität – Was wir von Michelangelo, Einstein & Co. lernen können. mvg, München 2003
10. NOERRETRANDERS, Tor: Spüre die Welt. Rowohlt, Reinbek 1997

11. OSTRANDER/SCHROEDER: Super Memory. Goldmann, München 1996
12. PINKER, Steven: Wie das Denken im Kopf entsteht. Kindler Verlag, Berlin 2002
13. POSTMAN, Neil: Keine Götter mehr – das Ende der Erziehung. Berlin Verlag, Berlin 1995
14. SCHEELE, Paul: Das Gesetz der natürlichen Brillanz. Junfermann Verlag, Paderborn 1999
15. SCHNEIDER, Wolf: Wörter machen Leute. Piper, München 1996
16. SELIGMAN, Martin: Erlernte Hilflosigkeit. Beltz, Weinheim, 2. Auflage 2000
17. WATZLAWICK, Paul: Anleitung zum Unglücklichsein. Piper, München, 4. Auflage 2005
18. WENGER, Wim: Der Einstein-Faktor. VAK Verlag, Freiburg, 4. Auflage 2001
19. WILDE, Stuart: Geld, fließende Energie. Heyne, München 2000

Internet-Adressen

www.birkenbihl.de
www.birkenbihl-insider.de
www.toastmaster.org

Stichwort-Verzeichnis

Eigene Notizen

Weitere Titel
bei Ariston

pickup
Vera F. Birkenbihl
Eltern-
Nachhilfe
Die häufigsten Irrtümer
über Lernen und Schule
Lernen ist
doof!

Vera F. Birkenbihl

Rhetorik

Redetraining für jeden Anlass

192 Seiten, Broschur
ISBN: 978-3-7205-2299-1

Wir benötigen rhetorische Fähigkeiten nicht nur für große Reden. Tagtäglich müssen wir informieren und kommunizieren, wollen motivieren und verkaufen, möchten verhandeln und überzeugen – und immer verhelfen uns neben starken Argumenten auch die richtigen Gesprächstechniken zum Erfolg. In diesem Buch zeigt Vera F. Birkenbihl, was man braucht, um selbstbewusst reden zu können!